맛있는 스쿨 강의 할인쿠폰

할인 쿠폰 사용 안내

1. 맛있는스쿨(cyberjrc.com)에서 회원가입 및 로그인 후 사용하실 수 있습니다.
2. [쿠폰] 메뉴에서 코드를 입력하면 쿠폰이 발급됩니다.
3. [단과] 또는 [패키지 강의] 신청 시, 결제창에서 [쿠폰 적용하기] 버튼을 통해 등록된 쿠폰을 사용할 수 있습니다.

쿠폰 사용 시 유의 사항

1. 본 쿠폰은 다른 쿠폰과 중복 사용이 불가합니다.
2. 쿠폰 발급 후 60일 내로 사용이 가능합니다.
3. 각 쿠폰 코드는 1회만 사용이 가능합니다.

*쿠폰 사용 문의 : 카카오톡 채널 @맛있는스쿨

맛있는 여행 중국어

이승해, 진리 저

맛있는 books

맛있는 여행 중국어

초판 1쇄 인쇄	2025년 12월 20일
초판 1쇄 발행	2026년 1월 2일

저자	이승해, 진리
발행인	김효정
발행처	맛있는books
등록번호	제2006-000273호

주소	서울시 서초구 명달로 54 JRC빌딩 7층
전화	구입문의 02·567·3861
	내용문의 02·567·3860
팩스	02·567·2471
홈페이지	www.booksJRC.com

ISBN	979-11-6148-169-2 13720
정가	14,000원

　여행을 떠난다는 것은 새로운 풍경보다도 새로운 마음을 만나는 일이라고 생각합니다. 용기 있는 작은 말 한마디가 새로운 친구와 새로운 추억을 만들죠. 그런데, "중알못"이라고요? 중국어를 전혀 몰라도 중국 여행을 가볍고 즐겁게 떠날 수 있었으면 하는 마음에서 이 책을 만들었습니다. 제 소중한 친구이자 한국 최고의 원어민 강사인 진리 선생님과 함께, "진짜 현지에서 쓰는 살아있는 표현"만 골라 담았기에 더욱 믿을 수 있는 이 책은 화려한 문법도, 어려운 설명도 없습니다. 길 찾고, 쇼핑하고, 메뉴 고르고, 택시 타고… 언제 어디서든 단숨에 꺼내 쓸 수 있도록 짧고, 쉽고, 당황하지 않게 만들었습니다. 최신 정보도 함께요! 『맛있는 여행 중국어』와 함께라면 여러분은 더 이상 혼자가 아닐 거예요. 이 책이 중국을 여행하는 동안 곁에서 용기를 주는 "단짝 친구"가 되어 주길 바랍니다.

　여행은 완벽할 필요가 없습니다. 자, 이 책 한 권만 챙겨서 여러분만의 멋진 중국 여행을 떠나 보세요. 여행하는 모든 순간이 가슴 뛰길!

이승해

　여행을 하다 보면, "내가 이 나라의 말을 조금이라도 할 줄 알면, 더 많은 순간이 특별해졌을 텐데."라는 생각이 들 때가 있습니다. 이 책은 바로 그런 마음에서 출발했습니다. 여러분이 단 한 마디의 중국어로도 현지인과 더 가까워지고, 현지의 숨결을 더 깊이 느낄 수 있도록 하고 싶었습니다. 중국은 만리장성, 자금성, 와이탄, 동방명주 외에도 훨씬 더 넓고 다채로운 세계를 품고 있습니다. 시안의 밤을 밝히는 찬란한 불빛들, 잔잔하게 마음을 누이는 항저우의 풍경, 이국적인 자연과 문화가 있는 윈난. 또한 베이징의 전통, 상하이의 현대뿐 아니라 선전의 스마트한 에너지, 우한의 생활감, 청두의 느긋한 여유는 또 다른 중국을 보여 줍니다. 그리고 중국 여행에서 빼놓을 수 없는 즐거움이 바로 "맛"입니다. 지역마다 다른 향과 풍미는 중국 요리의 넓이와 깊이를 그대로 담아내며, 새로운 한 입, 낯선 한 모금이 여행의 순간을 특별하게 만듭니다.

　발걸음으로 세상을 만나고, 눈으로 아름다움을 찾고, 언어로 사람과 연결되는 여행. 『맛있는 여행 중국어』가 여러분의 중국 여행을 더 깊고 따뜻하게 만들어 주기를 바랍니다.

진리(陈莉)

목차

머리말 p.3 | 책을 완벽하게 활용하는 방법 p.6
여행 준비 체크! 체크! p.8 | 중국인이 추천하는 먹거리 리스트 p.12

이것만은 꼭 알고 가자!

중국어의 발음과 성조   22
많이 쓰는 인사말 BEST9   24
여행객이 많이 쓰는 말 BEST9   25
중국인 직원이 많이 쓰는 말 BEST9   26
계산할 때 많이 쓰는 말 BEST9   27
바로 통하는 핵심표현 BEST8   28

이동할 때

상황별 필수 회화

위치 및 방향을 찾을 때   38
교통 수단을 찾을 때   40

장소별 핵심 회화

공항 및 기내에서   42
지하철에서   46
기차에서   48
버스 및 택시에서   50

숙박할 때

상황별 필수 회화

체크인 및 체크아웃 할 때   54
필요한 물품이나 서비스를 요청할 때   56
불편 사항을 말할 때   58
짐을 맡기고 찾을 때   60

장소별 핵심 회화

호텔에서   62
에어비앤비(民宿)에서   64

식사할 때

상황별 필수 회화

식당에 들어갈 때   68
음식을 주문할 때   70
필요한 것을 요청할 때   74
식사를 마쳤을 때   78
식당을 예약, 변경, 취소할 때   80

장소별 핵심 회화

딤섬 전문점에서   84
베이징덕(북경 오리) 전문점에서   88
훠궈(샤브샤브) 전문점에서   90
마라탕 및 보보지 전문점에서   96
야시장에서   100
패스트푸드점에서   102
카페 및 밀크티 전문점에서   104

🛍 쇼핑할 때

상황별 필수 회화

가격 문의 및 흥정할 때　110
결제할 때　112
교환 및 환불할 때　114

장소별 핵심 회화

편의점 및 마트에서　116
전통차 가게에서　120
옷 가게에서　124
팝마트 및 미니소에서　126

📷 관광할 때

상황별 필수 회화

티켓 구매 및 물품을 대여할 때　132
이용 문의 및 요청할 때　134

장소별 핵심 회화

박물관에서　136
디즈니랜드에서　138
마사지 가게에서　146

🚨 긴급할 때

상황별 필수 회화

긴급 상황이 발생했을 때　150
불심검문을 당했을 때　152

장소별 핵심 회화

경찰서 및 분실물 센터에서　154
병원에서　156
약국에서　158

[부록]

지역별 인기 명소&맛집　162
여행 필수 기초 단어　170
필요할 때 바로 찾는 상황별 단어 모음　179

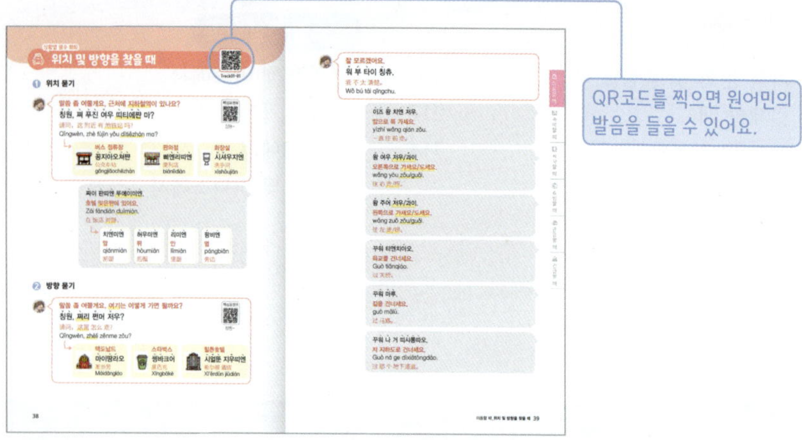

상황별 필수 회화!

중국 여행 중에 반드시 마주치게 되는 다양한 상황에 대비할 수 있는 중국어 회화 표현들을 모아 놓았어요. 단순히 내가 하는 말 뿐만 아니라, 상대방의 말까지 꼼꼼하게 수록해, 실제 대화 상황에서도 당황하지 않을 수 있어요. 여행 중 맞닥뜨리는 다양한 상황에서 자신감을 가지고 필요한 표현을 찾아 말해 보세요!

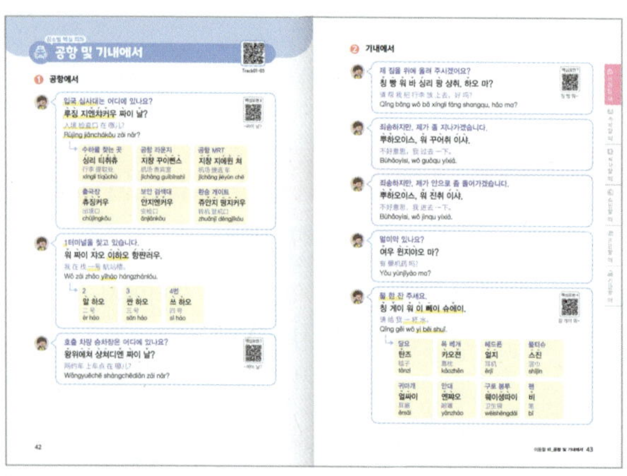

장소별 핵심 회화!

호텔, 딤섬 전문점, 팝마트, 디즈니랜드 등 여행 중 방문하는 다양한 장소에서 사용할 수 있는 중국어 표현들을 모아 놓았어요. 내 여행 일정에 맞춘 장소별 표현을 통해 어디를 가든 자신감 있게 내가 하고 싶은 말을 찾아 당당하게 말하고, 중국 여행을 더욱 편안하고 즐겁게 보내 보세요!

단어 바꿔 말하기

상황 및 장소별로 필요한 중국어 표현에 단어만 바꿔가며 내가 하고 싶은 말을 다양하게 전달할 수 있도록 했어요. 이를 통해 중국에서의 의사소통이 한결 수월해질 거에요.

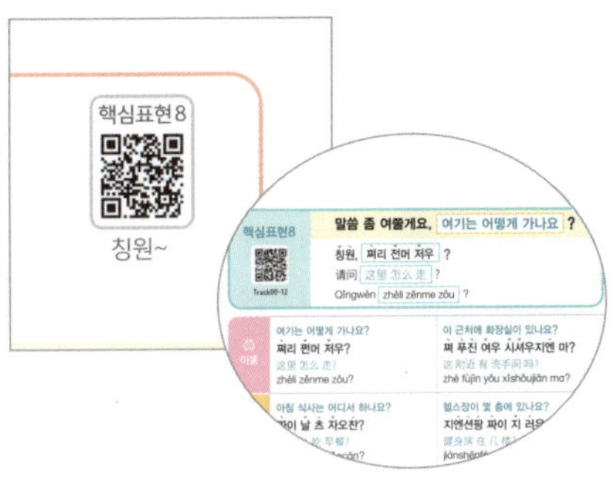

핵심표현 익히기

'이것만은 꼭 알고 가자!'에 수록된 핵심표현이 사용된 문장에서는 어떤 표현이 쓰였는지 표시되어 있어요. 애써 핵심표현을 익히려고 하지 않아도 책을 읽다 보면 자연스럽게 표현을 익히고, 스스로 말도 할 수 있게 될 거에요.

중국 여행 TIP

중국 여행에 도움이 되는 꿀팁들을 곳곳에 가득 수록했어요. 생생한 현지 사진과 설명 영상도 확인할 수 있으니 여행을 더욱 알차고 즐겁게 보낼 수 있을 거에요.

[부록] 상황별 단어 모음

이동, 숙박, 식사, 쇼핑, 관광, 긴급 상황별로 필요한 단어를 언제든지 한국어로 쉽게 찾아 말할 수 있도록 했어요. 찾은 단어와 앞에서 익힌 핵심표현을 활용하면 중국어가 자연스럽게 툭! 튀어 나올 거에요.

여행 준비 체크! 체크!

체크1   기분 좋은 여행을 만들어 줄 앱 체크!

ICN SMARTPASS (인천공항 스마트패스)

인천공항 출국장으로 나갈 때 전용줄을 이용해 시간을 아낄 수 있는 앱입니다. 회원가입 후에 여권 촬영, 여권 전자칩 스캔, 얼굴 등록을 하면 사전 준비는 끝납니다. 그 다음 체크인을 하고 탑승권 정보를 등록하면 전용줄을 이용해 빠르게 출국장으로 나갈 수 있습니다.

네이버 파파고 – AI 통번역

텍스트 및 음성으로 실시간 번역을 할 수 있는 앱입니다. 언어를 설정한 뒤에 '대화' 버튼을 눌러 말하면 자동으로 번역이 되어 보여 줍니다. 사전에 한국에서 오프라인 번역을 다운로드해 두면 인터넷이 연결되어 있지 않은 상황에서도 번역 기능을 사용할 수 있습니다.

까오더 지도(Amap, 高德地图)&바이두 지도(百度地图)

중국에서는 Google Maps 사용이 안 되기 때문에, 중국 현지 지도 앱을 꼭 사용해야 합니다. 그 중 '까오더 지도'와 '바이두 지도'는 중국인이 가장 많이 사용하는 지도 앱입니다. 한국어 지원은 안 되지만 영어 지원은 되기 때문에 중국어를 몰라도 사용할 수 있습니다. 다만 목적지 이름은 중국어로 검색하는 것이 가장 정확하기 때문에 여행하는 동안 방문할 장소들을 미리 저장해 두고 필요할 때마다 그때 그때 복사해서 붙여 검색하면, 더욱 편리하게 길을 찾을 수 있습니다.

알리페이(支付宝)&위챗페이(微信支付)

중국 여행을 위해서는 QR결제 앱인 '알리페이'와 '위챗페이'를 꼭 설치해야 합니다. 중국에서는 현금이나 해외 신용카드 사용이 제한적인 경우가 많기 때문에, 이 두 앱을 통해 모바일 결제를 준비하는 것이 매우 중요합니다.
(p.10에 결제 앱 설치 및 등록 방법이 있어요.)

메이투안(美团)

중국에서 가장 인기 있는 생활 서비스 플랫폼 중 하나로, 다양한 지역 생활 서비스를 모바일 앱을 통해 간편하게 제공합니다. 대표적인 기능으로는 음식 배달, 맛집 예약, 숙박 예약, 영화 예매, 공간/레저 서비스 예약(미용, 마사지, 헬스 등) 등이 있습니다. 특히 음식 배달 서비스는 중국 전역에서 매우 활발하게 사용되며, 사용자는 앱을 통해 주변 식당 메뉴를 확인하고, 원하는 음식을 주문한 후 실시간으로 배달 현황을 추적할 수 있습니다. 결제는 알리페이나 위챗페이 등으로 간편하게 할 수 있습니다.

따종디엔핑(大众点评)

중국을 대표하는 로컬 리뷰 및 생활 정보 플랫폼으로, 사용자들이 식당, 카페, 미용실, 레저 시설, 관광지 등 다양한 장소에 대한 리뷰와 평가를 공유할 수 있는 앱입니다. '중국판 네이버 플레이스'로 부를 수 있을 만큼, 중국 내에서 맛집 탐방과 라이프 스타일 선택에 필수적인 앱입니다. 따종디엔핑의 대표적인 특징 중 하나는 必吃榜(비츠방 : 반드시 먹어봐야 할 맛집 리스트)입니다. 매년 각 도시별로 사용자 리뷰, 평점, 방문자 수 등을 종합해 '상하이 必吃榜', '베이징 必吃榜', '청두 必吃榜' 등 지역별 베스트 맛집 순위를 발표합니다. 이 리스트는 현지인과 관광객 모두에게 큰 인기를 끌며, 믿을 수 있는 맛집 가이드 역할을 합니다. 이 必吃榜을 참고하면 후회 없는 식당 선택이 가능해, 중국 내에서 여행할 때 매우 유용한 앱입니다.

디디추싱(滴滴出行)

중국에서 가장 많이 사용되는 모바일 차량 호출(승차 공유) 서비스 앱입니다. '중국판 우버'라고 불릴 만큼 대중적인 앱으로, 중국 전역의 대도시뿐 아니라 지방 도시에서도 쉽게 사용할 수 있어 여행자에게 매우 유용합니다. 중국에서 편하고 안전하게 이동하고 싶다면, 디디추싱은 여행자의 필수 앱입니다. 특히 언어 장벽을 극복하고, 교통 스트레스를 줄이는 데 큰 도움이 됩니다.

1 ▶ 알리페이

1. 외국인용 알리페이 실명 인증 및 카드 등록

Step1. 앱 설치 및 계정 생성

① 앱스토어 또는 구글플레이에서 'Alipay' 설치
② 전화번호(한국 번호 포함)로 가입 가능
③ [Me] → [우측 상단 톱니바퀴] → [General] → [Language]에서 언어를 한국어로 변경

Step2. 카드 등록

① [마이] → [은행카드] → [카드추가] 선택
② 카드 정보 입력 (Visa / Mastercard / JCB 아멕스 등 다양한 카드 가능. 다만, 해외 결제 허용이
　꼭 되어 있어야 함)
　* 결제 카드는 자유롭게 추가, 삭제할 수 있다.
　** 복수의 카드 등록시 <우선 결제 카드> 설정도 가능하다.
　*** 대부분 카드사에서는 해외 결제시 수수료가 부과되기 때문에 트래블월렛과 같이 해외 결제
　　수수료가 없는 카드를 사용하는 게 좋다.

Step3. 실명 인증

① 여권으로 직접 인증
② [마이] → [우측 상단 톱니바퀴] → [계정 및 보안] → [신분 정보] 선택
③ 국가/지역은 '한국', 증명서 유형은 '여권' 선택 → 여권 정보 입력
④ 얼굴 인식(Face Scan) 진행 → 자동 인증

2. 카카오페이와 알리페이 연동

중국 여행 시 카카오페이로 간편하게 결제할 수 있으며, 'Alipay+' 지원 매장에서 QR코드 스캔 방식으로 사용 가능

Step1. 국가 설정 변경 : 카카오페이 앱에서 '대한민국'을 '중국(CNY)'으로 변경하고 약관에 동의

Step2. 결제 : 상점에서 QR코드를 제시하거나, 상점 QR코드를 스캔해 결제

1. 외국인용 위챗페이 실명 인증 및 카드 등록

Step1. 앱 설치 및 계정 생성

① 앱스토어 또는 구글플레이에서 'WeChat' 설치
② 전화번호(한국 번호 포함)로 가입 가능

Step2. 카드 등록 및 실명 인증

① [나] → [결제 및 서비스] → [지갑] → [Bank Cards] 선택
② 카드 정보 입력
③ ID type은 'Passport'를 선택하고 여권 정보, 휴대폰 정보 입력
④ 여권 사진 등록
⑤ 얼굴 인식(Face Verification) → 자동 인증

2. 네이버페이와 위챗페이 연동 방법

중국 여행 시 네이버페이로 간편하게 결제할 수 있으며, 'UnionPay' 또는 'Weixin Pay'로고가 있는 매장에서 QR코드 스캔 방식으로 사용 가능

Step1. 국가 설정 변경 : 네이버페이 앱에서 '대한민국'을 '중국(CNY)'으로 변경하고 약관에 동의

Step2. 결제 : 상점에서 QR코드를 제시하거나, 상점 QR코드를 스캔해 결제

리스트1 밀크티 브랜드 리스트

❶ 시차(喜茶, Heytea)

프리미엄 밀크티의 선두 주자. 과일과 치즈폼(芝士奶盖) 조합이 유명합니다.

[추천 메뉴]

· 芝芝芒芒(치즈 망고): 망고 주스와 치즈폼의 조화
· 多肉葡萄(포도 젤리): 청포도와 젤리가 들어간 상큼한 메뉴

❷ 바왕차지(霸王茶姬, CHAGEE)

차의 본질에 집중한 브랜드. 전통 중국 차를 현대적으로 재해석하여 고급스러운 이미지로 젊은층과 중장년층 모두에게 인기를 얻고 있습니다.

[추천 메뉴]

· 伯牙绝弦(보야제쉬앤): 음악과 우정의 고사를 담은 대표 메뉴. 고전미 + 고급 찻잎 + 신선한 우유의 조화
· 青青糯山(칭칭누어산): '푸르른 산과 쫀득한 찰기'를 담은 이름처럼 신선하고 부드러운 메뉴. 고급 녹차 + 신선한 우유 + 쫀득한 찹쌀 펄

❸ 나이쉐더차(奈雪的茶, Naixue's Tea)

고급 찻잎을 사용하는 건강한 이미지의 브랜드이며, 베이커리도 유명해서 특히 霸气软欧包(바치루안어우바오)와의 세트 메뉴가 인기입니다.

[추천 메뉴]

· 金色山脉珍珠奶茶(금색산맥 펄 밀크티): 따뜻하고 진한 홍차 풍미 + 부드러운 우유 + 쫀득한 타피오카 펄의 조화가 이름처럼 황금빛 산맥의 따뜻한 감성을 담은 밀크티
· 牛油果芒果酸奶昔(아보카도 망고 요거트 스무디): 부드러운 아보카도 + 달콤한 망고 + 새콤한 요거트의 조합으로 입안에서 건강함과 풍미가 동시에 퍼지는 과일 요거트 스무디

❹ 차바이이따오(茶百道, ChaPanda)

중저가 밀크티 브랜드지만 품질과 맛이 뛰어나 Z세대와 직장인 사이에서 폭넓은 팬층을 가지고 있는 브랜드입니다. 찻잎 기반의 메뉴부터 과일차, 요구르트, 젤리 시리즈, 계절 한정 메뉴까지 구성이 다양합니다.

[추천 메뉴]

- 杨枝甘露(양즈간루): 중국식 전통 디저트를 현대적인 음료로 재해석한 스페셜 메뉴. 망고 + 자몽 + 코코넛 밀크 + 타피오카 펄의 조화
- 西瓜啵啵(수박 뽀뽀): 여름 메뉴로 특히 인기가 있는 수박 기반의 과일티. 뽀뽀(啵啵)는 톡톡 터지는 젤리나 펄을 의미

❺ 미쉐빙청(蜜雪冰城, MIXUE Ice Cream & Tea)

업계 최강의 가성비 브랜드로, 가격은 저렴하지만 기본 맛과 품질은 만족스럽습니다. 차뿐 아니라 아이스크림, 커피, 과일 음료 등 다양한 라인업을 보유하고 있으며, 매장 수도 중국 내 4만 곳 이상으로 가장 흔하게 볼 수 있는 밀크티 체인점입니다.

[추천 메뉴]

- 柠檬水(레몬 워터): 국민 음료 중 하나. 저렴하고 상쾌한 레몬 워터는 학생들과 직장인들의 최애
- 草莓摇摇奶昔(딸기 요거트 스무디): 새콤달콤한 딸기+우유 스무디의 조화. 과일 음료, 달달한 음료를 좋아하는 분에게 추천

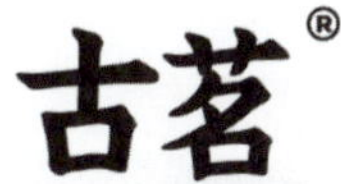

❻ 구밍(古茗, Goodme)

신흥 인기 밀크티 브랜드로, 특히 과일 밀크티와 치즈폼 시리즈로 유명합니다. 신선한 재료와 깔끔한 맛으로 20~30대 젊은 층에게 큰 사랑을 받고 있으며, 매장 수도 중국 전역에 빠르게 확장 중입니다. 브랜드 이미지가 세련되고, 음료 디자인이 '인스타 감성'에 잘 맞아 사진 찍기 좋은 음료로도 유명합니다.

[추천 메뉴]

- 芝士茉莉奶绿(치즈 자스민 밀크 그린티): 향긋한 자스민 녹차 위에 부드러운 치즈폼을 얹은 시그니처 메뉴. 달콤짭짤한 치즈폼과 깔끔한 녹차 맛의 조화
- 杨枝甘露(양즈간루): 망고, 자몽, 코코넛 밀크가 어우러진 트로피컬 스타일의 디저트 음료. 상큼하고 진한 과일 풍미로 여성 고객들에게 인기

❶ 베이징

떠우장/여우티아오
（豆浆/油条）

콩국(두유) + 기름에 튀긴
막대 도넛으로, 바삭함 +
고소함 + 담백함의 조합

지앤빙구어즈
（煎饼果子）

계란을 넣은 크레이프 + 바
삭한 튀김 부스러기 + 고수

니우러우샤오빙
（牛肉烧饼）

바삭한 밀가루 빵 속에
양념한 소고기를 듬뿍 넣은
중국식 고기빵

❷ 상하이

셩지엔빠오
（生煎包）

상하이 대표 아침식사.
겉은 바삭, 속은 육즙 가득한
군만두

샤오롱빠오
（小笼包）

얇은 피 안에 고기소 +
육즙(젤라틴 육수)을 넣어
찐 만두

총여우빤미엔
（葱油拌面）

파기름 + 간장 소스로
버무린 중독적인 맛의
상하이 가정식 면 요리

❸ 청뚜, 충칭

딴딴미엔
（担担面）

고소한 땅콩 소스와 매콤한
향신료가 어우러진 비빔면

홍여우챠오서우
（红油抄手）

매콤한 고기 완탕(쓰촨식
만두)으로 기름 + 고추 +
식초 소스에 찍어 먹음

충칭시아오미엔
（重庆小面）

충칭 지역을 대표하는
매콤하고 얼얼한 향신료가
특징인 국물 면 요리

창펀
(肠粉)

쌀가루로 만든 얇은 피에
고기, 새우, 야채 등을 넣은
스팀 롤

시아 지아오/샤오마이
(虾饺/烧麦)

광둥식 조식 딤섬 문화의
대표 주자인 새우 딤섬과
돼지고기 샤오마이

팅짜이조우
(艇仔粥)

'배 위에서 파는 죽'이라는
이름을 가진 광저우식
해산물 죽

러우지아모
(肉夹馍)

납작한 빵 안에 양고기
또는 돼지고기를 찢어 넣은
중국식 버거

량피
(凉皮)

밀 전분 면 + 매콤 새콤한
소스 + 오이채가 들어간
차갑고 산뜻한 아침 식사

란저우라미엔
(兰州拉面)

손으로 뽑아 길게 늘린
수타면과 맑고 투명한
소고기 육수

러깐미엔
(热干面)

삶은 알칼리면에 참깨소스,
간장, 식초, 파, 고추기름을
넣은 비빔 면 요리

미펀
(米粉)

쌀국수를 소 뼈나 돼지 뼈
육수에 말아 매콤한 양념과
함께 먹는 국수

싼시엔떠우피
(三鲜豆皮)

얇은 두부피 안에 고기,
죽순, 버섯을 넣어 구워 겉은
바삭하고 속은 쫄깃

❶ 쓰촨

마라훠궈(麻辣火锅)

한 냄비를 두 칸으로 나누어 매운 국물(홍탕)과 맑은 국물(백탕)을 동시에 즐길 수 있는 것이 특색입니다.

- 육수: 소기름과 홍고추, 후추, 팔각 등 다양한 향신료를 넣은 마라맛
- 별미 재료: 소 오드레기, 천엽, 오리 창자, 넓은 당면, 죽순
- 딥소스: 기름 소스는 참기름 + 다진 마늘 + 굴소스 + 고수 + 쪽파, 가루 소스는 고춧가루 + 후추가루 + 볶은 참깨 + 다진 땅콩

❷ 충칭

지우꿍거훠궈(九宫格火锅)

충칭의 전통 훠거 형태로 냄비가 9칸으로 나뉜 것이 특징입니다. 가운데 칸은 열이 가장 강해서 오래 끓여야 하는 재료를 넣고, 바깥쪽 칸은 열이 약해, 빨리 익는 재료에 적합합니다.

- 육수: 마라 육수에 소량의 소 뼈나 향신료를 넣은 깊고 진한 맛
- 별미 재료: 소 선지, 천엽, 거위 창자, 오리 선지, 공채
- 딥소스: 참기름 + 다진 마늘 + 고수 + 파

❸ 베이징

슈안양러우(涮羊肉)

우리나라의 신선로와 비슷한 형태의 냄비가 특징입니다.

- 육수: 물에 마늘, 생강, 대추, 홍화씨만 넣은 맑은 육수
- 주 재료: 내몽고나 허베이 지역의 고급 양고기의 목덜미, 살코기와 기름이 골고루 섞인 부위를 극도로 얇게 썰어 사용하는데, 끓는 물에 잠깐만 담가 익혀 먹음
- 별미 재료: 배추, 실당면, 냉동 두부
- 딥소스: 참깨 페이스트 + 부추꽃 소스 + 발효 두부

챠오샨 니어우러우 훠궈(潮汕牛肉火锅)

광둥성 동부의 차오샨(潮汕) 지역에서 유래한 소고기 전문 훠궈로, '재료 본연의 맛'을 살리는 것이 특징입니다. 식사 후 국물에 죽이나 국수를 끓여 마무리하는 것이 전통입니다.

- 육수: 물에 무, 옥수수, 대추 등만 넣은 맑은 육수
- 주 재료: 신선한 소고기를 우둔, 안심, 갈비, 힘줄, 양지 등 부위별로 두께를 다르게 하여 5~10초 정도만 살짝 익혀 부드럽고 쫄깃한 식감
- 딥소스: 사차장(땅콩, 마늘, 건새우, 향신료를 볶아 만든 광둥식 특제 소스) + 다진 고수 + 고추 + 간장

쥔즈훠궈(菌子火锅)

윈난은 고산지대와 습한 기후로 인해 세계적으로도 유명한 '버섯 왕국'으로 불릴 만큼, 다양한 야생 버섯을 사용하는 것이 특징입니다. 다만, 알코올이 버섯 속의 일부 대사 물질과 결합해 간과 신장에 부담을 줄 수 있다는 중국 의학계의 의견이 있어 술과 함께 먹지 않는 것이 좋습니다.

- 육수: 물이나 멸치, 닭고기, 소 뼈로 우려낸 맑은 국물에 버섯을 넣고 천천히 끓인 버섯 육수. 국물은 버섯을 다 먹은 후에 '첨가물 없는 진품 스프'로 마시는 것이 전통.
- 주 재료: 표고버섯, 송이버섯, 능이버섯, 느타리버섯, 계송균, 그물버섯, 청두균, 검푸른그물버섯
- 딥소스: 작은 고추 + 다진 마늘 + 고수 + 레몬즙 + 발효 두부 + 땅콩가루 + 간장

모위슈앙
(魔芋爽)

곤약으로 만든 매콤하고
쫄깃한 간식

라티아오
(辣条)

밀가루 반죽을 튀겨 매운
양념을 입힌 간식

펑츠하이따이
(风吃海带)

잘게 썬 미역을 매콤
새콤하게 무친 간식

파오펑쥬아
(泡凤爪)

닭발을 새콤 매콤하게
절인 간식

마라야셔
(麻辣鸭舌)

오리 혀를 매콤하게
양념한 간식

후어구어쑤마오뚜
(火锅素毛肚)

소와 양을 흉내 낸 쫄깃한
채식 간식

마라화성
(麻辣花生)

고소한 땅콩에 알싸한
마라맛을 더한 간식

시에황웨이찬떠우
(蟹黃味蚕豆)

잠두콩에 게살 풍미 양념을
입힌 고소하고 짭짤한 간식

시아웨이이구어
(夏威夷果)

고소한 풍미의 마카다미아로
선물용으로도 추천

타이망러
(泰芒了)

달콤하고 쫄깃하게 말린
망고 간식

짜오지아허타오
(枣夹核桃)

대추 속에 호두를 넣은
고소하고 달콤한 영양 간식

메이여우망구어
(梅有芒果)

새콤한 매실과 달콤한
망고가 어우러진 이색 간식

추이성성슈티아오
(脆升升薯条)

바삭하게 튀겨낸 감자 스틱

추이러우푸
(脆肉脯)

고기를 얇게 말려 바삭하게
즐기는 육포

헤이챠오위미라오
(黑巧玉米酪)

진한 다크 초콜릿과
옥수수 치즈의 조합

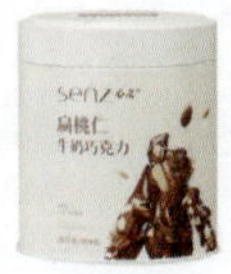

삐앤타오런니우나이
챠오커리
(扁桃仁牛奶巧克力)

아몬드를 감싼 부드러운
밀크 초콜릿

빠단무지아신헤이
챠오커리
(巴旦木夹心黑巧克力)

아몬드를 넣은 달콤한
초콜릿

거리치챠오커리
(格力奇巧克力)

달콤하고 진한 풍미의
중국 인기 초콜릿

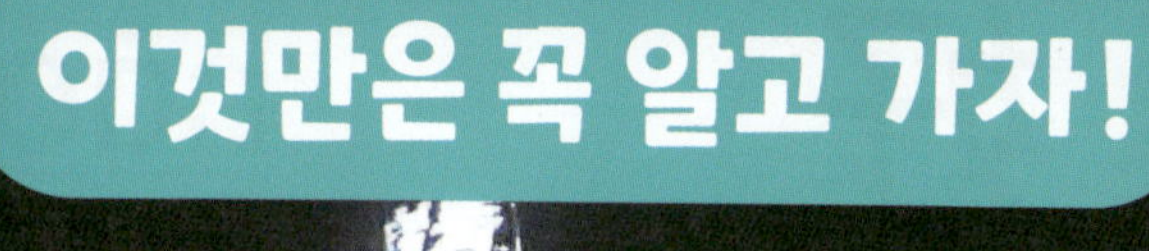

- 중국어의 발음과 성조
- 많이 쓰는 인사말 BEST9
- 여행객이 많이 쓰는 말 BEST9
- 중국인 직원이 많이 쓰는 말 BEST9
- 계산할 때 많이 쓰는 말 BEST9
- 바로 통하는 핵심표현 BEST8

한자	병음
好	hǎo → 성조 성모　운모(=모음)

한자	병음
汉	Hàn → 성조 성모　운모(≠모음)

중국어는 기본적으로 **한자**를 사용하며, 한자를 읽기 위해 현재 활용하고 있는 발음 기호를 **병음**이라고 해요. 병음에는 3가지 요소가 포함되어 있는데 **성조**, **성모**, **운모**예요.

❶ 성조

주요 운모에 성조를 표기해서 말의 높낮이를 표시해요.

❷ 성모

한국어의 자음과 같이 발음에서 구체적인 소리를 내는 음이에요.

❸ 운모

소리를 받쳐주는 음이에요. 운모는 '모음'일 때도 있고, '모음+모음'일 때도 있고, '모음+자음'일 때도 있어요. 병음 표기에서 '성모'를 제외한 모든 부분을 '운모'라고 해요.

중국어의 단어는 같은 발음이라도 성조가 다르면 뜻이 달라지므로, 제대로 발음하는 것이 매우 중요해요. 여행을 떠나기 전에, '성조'만은 제대로 알고 떠나는 거, 어때요?

	발음 포인트	성조 표기	한국어로 하는 높낮이 연습
1성	높고 평평 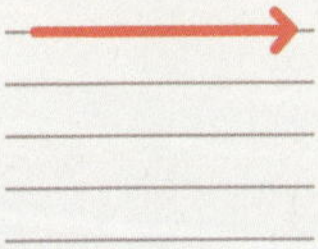	ā	(치과에서) 아~
2성	부드럽게 곡선 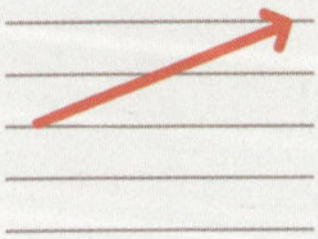	á	왜~? 넌~?
3성	천천히 하강 약간 빠르게 상승 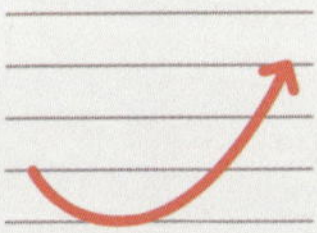	ǎ	아, 네~에 (그렇군요)
4성	강하고 짧게 내리 꽂음 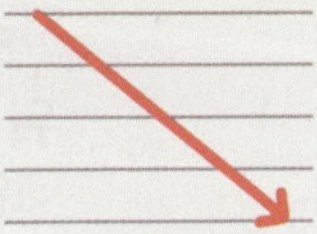	à	얍!
경성	가볍게 엄살 피우듯	a	

많이 쓰는 인사말 Best9

Track00-01

안녕하세요!
니 하오!
你 好!
Nǐ hǎo!

좋은 아침이에요!
자오샹 하오!
早上 好!
Zǎoshang hǎo!

감사합니다!
씨에시에!
谢谢!
Xièxie!

죄송합니다!
뚜에이부치!
对不起!
Duìbuqǐ!

안녕히 계세요!
짜이찌엔!
再见!
Zàijiàn!

괜찮아요!
메이 꽌시!
没 关系!
Méi guānxi!

안녕히 주무세요!
완안!
晚安!
Wǎn'ān!

실례합니다,
칭원,
请问,
Qǐngwèn,

저는 한국인입니다.
워 스 한구어런.
我 是 韩国人。
Wǒ shì Hánguórén.

Track00-02

화장실 어디에 있어요?
시̌셔우지엔 짜이 날?
洗手间 在 哪儿?
Xǐshǒujiān zài nǎr?

이거 얼마예요?
쪄거 뚜어샤오 치엔?
这个 多少 钱?
Zhège duōshao qián?

이거 주세요.
워̌ 야오 쪄거.
我 要 这个。
Wǒ yào zhège.

하나 주세요.
게이 워 이 거.
给 我 一 个。
Gěi wǒ yí ge.

지하철역은 어떻게 가요?
띠티에쨘 전머 저우?
地铁站 怎么 走?
Dìtiězhàn zěnme zǒu?

이해 못 해요.
팅부둥.
听不懂。
tīngbudǒng.

다시 말씀해 주세요.
칭 짜이 슈어 이 츠.
请 再 说 一 次。
Qǐng zài shuō yí cì.

위챗 돼요?
커이 용 웨이신 마?
可以 用 微信 吗?
Kěyǐ yòng wēixìn ma?

사진 좀 찍어 주세요.
칭 빵 워 파이 쟝 쨔오.
请 帮 我 拍 张 照。
Qǐng bāng wǒ pāi zhāng zhào.

Track00-03

어서오세요!

환잉 꽝린!

欢迎 光临!

Huānyíng guānglín!

이층에 있어요.

짜이 알 러우.

在 二 楼。

Zài èr lóu.

실례지만 몇 분이세요?

칭원, 닌 지 웨이?

请问, 您 几 位?

Qǐngwèn, nín jǐ wèi?

잠시만 기다려 주세요.

칭 샤오 떵 이샤.

请 稍 等 一下。

Qǐng shāo děng yíxià.

QR 코드로 주문해 주세요.

칭 사오마 띠엔 딴.

请 扫码 点 单。

Qǐng sǎomǎ diǎn dān.

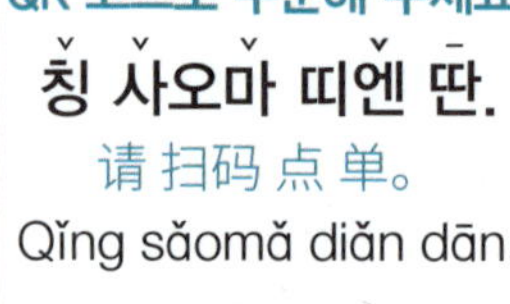

번호가 어떻게 되세요?

닌 스 뚜어샤오 하오?

您 是 多少 号?

Nín shì duōshao hào?

모두 320위안이에요.

이꽁 싼바이 알스 콰이.

一共 三百 二十 块。

Yígòng sānbǎi èrshí kuài.

안녕히 가세요!

칭 만 저우!

请 慢 走!

Qǐng màn zǒu!

여행 즐겁게 하세요!

쮸 닌 뤼싱 위콰이!

祝 您 旅行 愉快!

Zhù nín lǚxíng yúkuài!

Track00-04

계산해 주세요!

마이딴!

买单!

Mǎidān!

모두 얼마예요?

이꽁 뚜어샤오 치엔?

一共 多少 钱?

Yígòng duōshao qián?

카드 결제 돼요?

커이 슈아 카 마?

可以 刷卡 吗?

Kěyǐ shuā kǎ ma?

영수증 주세요.

칭 게이 워 시아오피아오.

请给我小票。

Qǐng gěi wǒ xiǎopiào.

할인돼요?

커이 따져 마?

可以 打折 吗?

Kěyǐ dǎzhé ma?

저 쿠폰 있어요.

워 여우 여우후에이취엔.

我 有 优惠券。

Wǒ yǒu yōuhuìquàn.

계산이 잘못된 것 같아요.

하오샹 쑤안추어 러.

好像 算错 了。

Hǎoxiàng suàncuò le.

계산서 다시 확인해 주세요.

칭 짜이 허뛔이 이샤쨩딴.

请再核对一下账单。

Qǐng zài héduì yíxià zhàngdān.

포장돼요?

커이 다 빠오 마?

可以 打包 吗?

Kěyǐ dǎ bāo ma?

핵심표현1

Track00-05

걸어갈 (할) 수 있나요?

커이 저우져 취 마?
可以 走着 去 吗?
Kěyǐ zǒuzhe qù ma?

이동		
걸어가다 저우져 취 走着 去 zǒuzhe qù	택시를 타고 가다 따 쳐 취 打车 去 dǎ chē qù	자전거를 타고 가다 치 쯔싱쳐 취 骑 自行车 去 qí zìxíngchē qù

숙박		
얼리 체크인하다 티치엔 루쮸 提前 入住 tíqián rùzhù	옷을 세탁하다 시 이푸 洗 衣服 xǐ yīfu	짐을 맡기다 지춘 싱리 寄存 行李 jìcún xíngli

식사		
(좌석) 예약하다 위띵(쭈어웨이) 预订(座位) yùdìng(zuòwèi)	시간을 변경하다 가이 스지엔 改 时间 gǎi shíjiān	(남은 음식) 포장하다 다 빠오 打 包 dǎ bāo

쇼핑		
카드로 결제하다 슈아 카 刷卡 shuā kǎ	조금 가격을 깎다 피엔이 이디엔 便宜 一点 piányi yìdiǎn	한번 입어(신어) 보다 스스 试试 shìshi

관광		
현장 티켓 구매하다 짜이 시엔챵 마이 피아오 在 现场 买 票 zài xiànchǎng mǎi piào	사진을 찍다 파이 쨔오 拍照 pāi zhào	유모차를 한 대 빌리다 쭈 이 량 퉁쳐 租 一 辆 童车 zū yí liàng tóngchē

긴급		
좀 천천히 말해 주다 슈어 만디엔 说 慢点 shuō màndiǎn	의사 선생님을 뵙다 찌엔 이셩 见 医生 jiàn yīshēng	찾아보다 쟈오 이샤 找 一下 zhǎo yíxià

Track00-06

멀미약 이/가 있나요?

여우 메이여우 윈지야오 ?
有 没有 晕机药 ?
Yǒu méiyǒu yùnjīyào ?

이동	멀미약 윈지야오 晕机药 yùnjīyào	공항 버스 지챵 빠스 机场 巴士 jīchǎng bāshì	한국어 할 줄 아시는 분 후에이 슈어 한위 더 런 会 说 韩语 的 人 huì shuō Hányǔ de rén
숙박	무선 인터넷 우시엔왕 无线网 wúxiànwǎng	방 팡지엔 房间 fángjiān	에어컨 콩티아오 空调 kōngtiáo
식사	계란 볶음밥 지딴 챠오판 鸡蛋 炒饭 jīdàn chǎofàn	찬 거 삥 더 冰 的 bīng de	콜라 크어러 可乐 kělè
쇼핑	다른 사이즈 삐에더 따시아오 别的 大小 biéde dàxiǎo	다른 색상 삐에더 옌써 别的 颜色 biéde yánsè	할인 행사 따져 후어똥 打折 活动 dǎzhé huódòng
관광	한국어 안내문 한위 지에샤오 韩语 介绍 Hányǔ jièshào	한국어 안내원 한위 지앙지에위엔 韩语 讲解员 Hányǔ jiǎngjiěyuán	오디오 해설기 위인 지앙지에치 语音 讲解器 yǔyīn jiǎngjiěqì
긴급	ATM 춰쿠안지 取款机 qǔkuǎnjī	반창고 츄앙커티에 创可贴 chuāngkětiē	소화제 시아오화야오 消化药 Xiāohuàyào

Track00-07

탑승구 은/는 어디에 있나요?

떵지커우	짜이 날?
登机口	在 哪儿?
Dēngjīkǒu	zài nǎr?

이동		
탑승구 떵지커우 登机口 dēngjīkǒu	**공항 라운지** 지챵 꾸이빈스 机场 贵宾室 jīchǎng guìbīnshì	**택시 승강장** 츄주츠어 샹쳐디엔 出租车 上车点 chūzūchē shàngchēdiǎn

숙박		
수영장 여용츠 游泳池 yóuyǒngchí	**헬스장** 지엔션팡 健身房 jiànshēnfáng	**커피숍** 카페이팅 咖啡厅 kāfēitīng

식사		
식당가(푸드코트) 찬인취 餐饮区 cānyǐnqū	**근처 음식점** 푸찐 더 찬팅 附近 的 餐厅 fùjìn de cāntīng	**한국 식당** 한구어 찬팅 韩国 餐厅 Hánguó cāntīng

쇼핑		
편의점 삐엔리띠엔 便利店 biànlìdiàn	**계산대** 셔우인타이 收银台 shōuyíntái	**에스컬레이터** 띠엔티 电梯 diàntī

관광		
화장실 시셔우지엔 洗手间 xǐshǒujiān	**매점** 시아오마이뿌 小卖部 xiǎomàibù	**분실물 센터** 스우 쨔오링츄 失物 招领处 shīwù zhāolǐngchù

긴급		
응급 진료 센터 지젼 즁신 急诊 中心 jízhěn zhōngxīn	**약국** 야오띠엔 药店 yàodiàn	**병원** 이위엔 医院 yīyuàn

Track00-08

(저에게) 담요 을/를 주세요.

칭 게이 워 탄즈 .
请给我 毯子 。
Qǐng gěi wǒ tǎnzi .

이동			
	담요 탄즈 毯子 tǎnzi	헤드폰 얼지 耳机 ěrjī	구토 봉투 웨이셩따이 卫生袋 wèishēngdài

숙박			
	금연층의 방 찐옌 러우청 더 팡지엔 禁烟楼层的房间 jìnyān lóucéng de fángjiān	물 한 병 이 핑 슈에이 一瓶水 yì píng shuǐ	수건 한 장 이 티아오 마오찐 一条毛巾 yì tiáo máojīn

식사			
	창가 자리 카오 츄앙 더 쭈어웨이 靠窗的座位 kào chuāng de zuòwèi	젓가락 두 세트 량 슈앙 콰이즈 两双筷子 liǎng shuāng kuàizi	메뉴판 차이딴 菜单 càidān

쇼핑			
	새 것 신더 新的 xīnde	봉투 하나 이 거 따이즈 一个袋子 yí ge dàizi	비닐봉지 하나 이 거 쑤랴오따이 一个塑料袋 yí ge sùliàodài

관광			
	입장권 한 장 이 쟝 먼피아오 一张门票 yì zhāng ménpiào	성인 2장 량 쟝 청런피아오 两张成人票 liǎng zhāng chéngrénpiào	영수증 시아오피아오 小票 xiǎopiào

긴급			
	도움 빵쮸 帮助 bāngzhù	응급 처치 도구 지지우 용핀 急救用品 jíjiù yòngpǐn	통역사를 찾아 쟈오 판이 找翻译 zhǎo fānyi

아직/또(더) 버스 이/가/도 있나요?

하이 여우 꽁지아오츠어 마?

还 有 公交车 吗?

Hái yǒu gōngjiāochē ma?

Track00-09

이동	버스 꽁지아오츠어 公交车 gōngjiāochē	지하철 띠티에 地铁 dìtiě	기차 후어츠어 火车 huǒchē
숙박	빈 방 콩팡지엔 空房间 kòngfángjiān	다른 방 비에더 팡지엔 别的 房间 biéde fángjiān	아침 식사가 포함된 방 한 쟈오찬 더 팡지엔 含 早餐 的 房间 hán zǎocān de fángjiān
식사	자리 쭈어웨이 座位 zuòwèi	맵지 않은 요리 부 라 더 不辣的 bú là de	차가운 음료 삥 더 인랴오 冰 的 饮料 bīng de yǐnliào
쇼핑	이 색상 쪄 죵 옌써 这 种 颜色 zhè zhǒng yánsè	좀 더 큰 것 따 이디엔 더 大 一点 的 dà yìdiǎn de	할인하는 것 따즈어 더 打折 的 dǎzhé de
관광	재미있는 것 하오왈 더 好玩儿 的 hǎowánr de	볼 가치가 있는 것 즈더 칸 더 值得 看 的 zhíde kàn de	가이드 투어 껀 투안 더 跟团 的 gēn tuán de
긴급	부작용이 약한 약 푸쭈어용 샤오 더 副作用 少 的 fùzuòyòng shǎo de	다른 약 삐에더 야오 别的 药 biéde yào	감기약 간마오야오 感冒药 gǎnmàoyào

핵심표현6

저는 [스파클링 워터] 가 필요해요/하길 원해요

워 야오 [치파오 슈에이].

我 要 [气泡水]。

Wǒ yào [qìpào shuǐ].

Track00-10

이동	스파클링 워터 치파오 슈에이 气泡水 qìpào shuǐ	여기서 내리다 짜이 쩌리 시아 츠어 在这里下车 zài zhèli xià chē	지하철을 타고 가다 쭈어 띠티에 취 坐地铁去 zuò dìtiě qù
숙박	티백 챠빠오 茶包 chábāo	일회용 칫솔 이츠씽 야슈아 一次性牙刷 yícìxìng yáshuā	전기 모기향 띠엔 원시앙 电蚊香 diàn wénxiāng
식사	닭꼬치 두 개 량 추안 지러우 两串鸡肉 liǎng chuàn jīròu	1인분 이 펀 一份 yí fèn	고수 시앙차이 香菜 xiāngcài
쇼핑	이거 두 개 량 거 쩌거 两个这个 liǎng ge zhège	선물하다 쏭런 送人 sòngrén	환불하다 투에이 후어 退货 tuì huò
관광	머리띠 한 개를 대여하다 쭈 이 거 파꾸 租一个发箍 zū yí ge fàgū	80분짜리 빠스 펀쭝 더 80分钟的 bāshí fēnzhōng de	남자 마사지사/ 여자 마사지사 난 지스/뉘 지스 男技师/女技师 nán jìshī/nǚ jìshī
긴급	한국 대사관에 연락하다 리엔시 한구어 따스관 联系韩国大使馆 liánxì Hánguó dàshǐguǎn	CCTV를 확인하다 칸 이샤 지엔콩 루시앙 看一下监控录像 kàn yíxià jiānkòng lùxiàng	화상 연고 탕샹야오 烫伤药 tàngshāngyào

Track00-11

(저를 도와서) 이 주소를 찾아 주세요.

칭 빵 워 쨔오 쪄 거 띠즈 .
请 帮 我 找 这 个 地址 。
Qǐng bāng wǒ zhǎo zhè ge dìzhǐ .

이동

이 주소를 찾아
쨔오 쪄 거 띠즈
找 这 个 地址
zhǎo zhè ge dìzhǐ

목적지를 입력해
슈루 무띠띠
输入 目的地
shūrù mùdìdì

숙박

침구 세트를 하나 갈아
환 이 타오 뿌차오
换 一 套 布草
huàn yí tào bùcǎo

방을 바꿔
환 이 거 팡지엔
换 一 个 房间
huàn yí ge fángjiān

식사

메뉴 추천을 좀 해
투이지엔 이샤 차이
推荐 一下 菜
tuījiàn yíxià cài

(주전자에) 물을 좀 추가해
지아 디엔 슈에이
加 点 水
jiā diǎn shuǐ

쇼핑

진공 포장해
쩐콩 빠오쮸앙
真空 包装
zhēnkōng bāozhuāng

한 사이즈 큰 걸로 가져다
나 따 이 하오 더
拿 大 一 号 的
ná dà yí hào de

관광

사진 한 장 찍어
파이 쟝 쨔오
拍 张 照
pāi zhāng zhào

여기를 좀 더 지압해
짜이 안 이샤 쪄리
再 按 一下 这里
zài àn yíxià zhèli

긴급

경찰에 신고해
빠오 징
报 警
bào jǐng

구급차를 불러
찌아오 찌우후처
叫 救护车
jiào jiùhùchē

Track00-12

말씀 좀 여쭐게요, 여기는 어떻게 가나요 ?

칭원, 쪄리 전머 저우 ?

请问 这里 怎么 走 ?

Qǐngwèn zhèli zěnme zǒu ?

이동

여기는 어떻게 가나요?
쪄리 쩐머 저우?
这里 怎么 走?
zhèli zěnme zǒu?

이 근처에 화장실이 있나요?
쪄 푸진 여우 시셔우지엔 마?
这 附近 有 洗手间 吗?
zhè fùjìn yǒu xǐshǒujiān ma?

숙박

아침 식사는 어디서 하나요?
짜이 날 츠 자오찬?
在 哪儿 吃 早餐?
zài nǎr chī zǎocān?

헬스장이 몇 층에 있나요?
지엔션팡 짜이 지 러우?
健身房 在 几 楼?
jiànshēnfáng zài jǐ lóu?

식사

한국어 메뉴판이 있나요?
여우 한원 차이딴 마?
有 韩文 菜单 吗?
yǒu Hánwén càidān ma?

뭐가 제일 맛있어요?
나거 쭈이 하오츠?
哪个 最 好吃?
nǎge zuì hǎochī?

쇼핑

다른 거 있어요?
여우 메이여우 삐에더?
有 没有 别的?
yǒu méiyǒu biéde?

탈의실이 어디예요?
스이지엔 짜이 날?
试衣间 在 哪儿?
shìyījiān zài nǎr?

관광

얼마나 기다려야 하나요?
야오 떵 뚜어지어우?
要 等 多久?
yào děng duōjiǔ?

몇 시에 문을 닫나요?
지 디엔 꽌먼?
几 点 关门?
jǐ diǎn guānmén?

긴급

응급실이 어디인가요?
지젼스 짜이 나리?
急诊室 在 哪里?
jízhěnshì zài nǎlǐ?

하루에 몇 번 먹나요?
이티엔 츠 지 츠?
一天 吃 几 次?
yìtiān chī jǐ cì?

3 号线 Line 3
4 号线 Line 4
3 号线 Line 3
4 号线 Line 4
往世纪大道 To Century Avenue

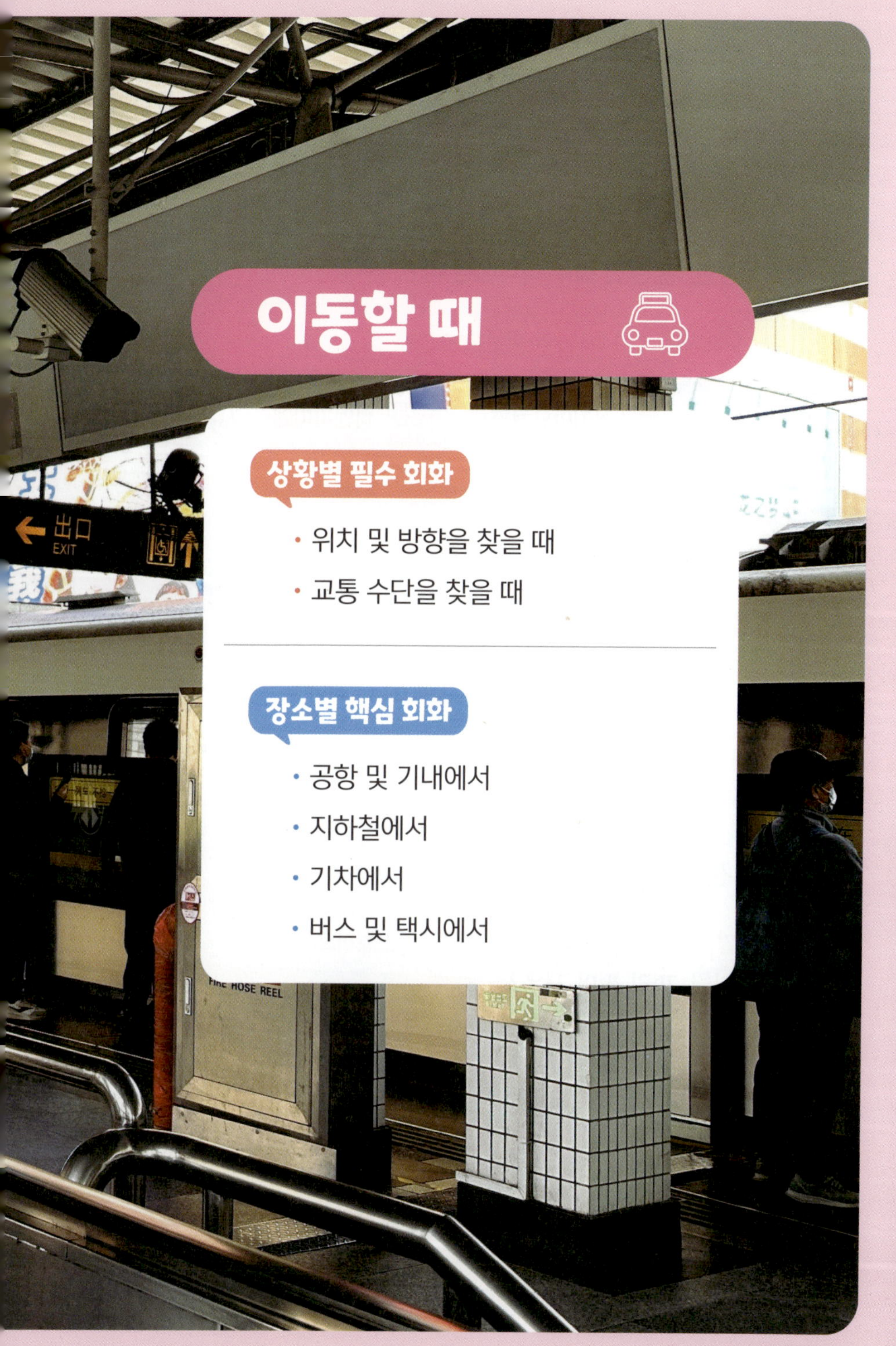

이동할 때

상황별 필수 회화
· 위치 및 방향을 찾을 때
· 교통 수단을 찾을 때

장소별 핵심 회화
· 공항 및 기내에서
· 지하철에서
· 기차에서
· 버스 및 택시에서

 위치 및 방향을 찾을 때

Track01-01

① 위치 묻기

말씀 좀 여쭐게요, 근처에 지하철역이 있나요?
칭원, 쪄 푸진 여우 띠티에쨘 마?
请问，这附近有地铁站吗?
Qǐngwèn, zhè fùjìn yǒu dìtiězhàn ma?

핵심표현8
칭원~

버스 정류장	편의점	화장실
 꽁지아오쳐쨘	 삐엔리띠엔	 시셔우지엔
公交车站	便利店	洗手间
gōngjiāochēzhàn	biànlìdiàn	xǐshǒujiān

짜이 판띠엔 뚜에이미엔.
호텔 맞은편에 있어요.
Zài fàndiàn duìmiàn.
在 饭店 对面。

치엔미엔	허우미엔	리미엔	팡비엔
앞	뒤	안	옆
qiánmiàn	hòumiàn	lǐmiàn	pángbiān
前面	后面	里面	旁边

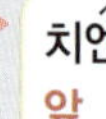

② 방향 묻기

말씀 좀 여쭐게요, 여기는 어떻게 가면 될까요?
칭원, 쪄리 쩐머 저우?
请问，这里 怎么 走?
Qǐngwèn, zhèli zěnme zǒu?

핵심표현8
칭원~

맥도날드	스타벅스	힐튼호텔
 마이땅라오	 씽바크어	 시얼뚠 지우띠엔
麦当劳	星巴克	希尔顿 酒店
Màidāngláo	Xīngbākè	Xī'ěrdùn jiǔdiàn

잘 모르겠어요.
워 부 타이 칭츄.
我 不 太 清楚。
Wǒ bú tài qīngchu.

이즈 왕 치엔 저우.
앞으로 쭉 가세요.
Yìzhí wǎng qián zǒu.
一直往前走。

왕 여우 저우/과이.
오른쪽으로 가세요/도세요.
Wǎng yòu zǒu/guǎi.
往右走/拐。

왕 주어 저우/과이.
왼쪽으로 가세요/도세요.
Wǎng zuǒ zǒu/guǎi.
往左走/拐。

꾸워 티엔치아오.
육교를 건너세요.
Guò tiānqiáo.
过天桥。

꾸워 마루.
길을 건너세요.
Guò mǎlù.
过马路。

꾸워 나 거 띠샤통따오.
저 지하도로 건너세요.
Guò nà ge dìxiàtōngdào.
过那个地下通道。

🚕 교통 수단을 찾을 때

Track01-02

❶ 거리 묻기

걸어갈 수 있나요?
커이 저우져 취 마?
可以 走着 去 吗?
Kěyǐ zǒuzhe qù ma?

핵심표현1
커이 ~마?

헌 진, 저우 루 커이 따오.
가까워요, 걸어서 갈 수 있어요.
Hěn jìn, zǒu lù kěyǐ dào.
很近，走路可以到。

헌 위엔, 야오 쭈어 츄주츠어.
멀어요, 택시를 타야 해요.
Hěn yuǎn, yào zuò chūzūchē.
很远，要坐出租车。

띠티에
지하철
dìtiě
地铁

꽁지아오츠어
버스
gōngjiāochē
公交车

❷ 교통 수단 묻기

말씀 좀 여쭐게요, 버스 타는 곳은 어디예요?
칭원, 짜이 날 쭈어 꽁지아오츠어?
请问，在哪儿坐公交车?
Qǐngwèn, zài nǎr zuò gōngjiāochē?

핵심표현8
칭원~

기차	택시	공항 버스	지하철
후어츠어	**츄주츠어**	**지챵 빠스**	**띠티에**
火车	出租车	机场 巴士	地铁
huǒchē	chūzūchē	jīchǎng bāshì	dìtiě

가까운 공유 자전거 픽업 장소는 어디에 있나요?
푸진 더 꽁시앙 딴츠어 취처디엔 짜이 날?
附近的共享单车取车点在哪儿?
Fùjìn de gòngxiǎng dānchē qǔchēdiǎn zài nǎr?

가오더 지도/바이두 지도에서 좀 찾아주세요.
칭 짜이 까오더 띠투/바이두 띠투 샹 빵 워 쟈오 이샤.
请在高德地图/百度地图上帮我找一下。
Qǐng zài Gāodé dìtú/Bǎidù dìtú shang bāng wǒ zhǎo yíxià.

📷 사진으로 보는 여행 TIP

중국에서는 공유 자전거가 일상적인 교통 수단으로 자리 잡았어요. 여행 중 거리가 애매하거나, 출퇴근 시간의 혼잡을 피하고 싶거나, 상하이의 황푸강, 베이징의 후통 같은 골목길을 다닐 때 공유 자전거를 이용하면 걸을 때와는 또 다른 매력을 느낄 수 있을 거예요.

공유 자전거를 이용할 때는 별도의 앱을 깔 필요 없이, 대부분 위챗(WeChat)이나 알리페이(Alipay) 앱 안에서 바로 사용이 가능하고, 대표적인 공유 자전거 서비스로는 美团单车(메이투안), 哈啰单车(하루어), 青桔单车(디디) 등이 있어요.

- 공유 자전거 이용하기
  Step1. 위챗 또는 알리페이 앱을 열어 '骑车(자전거 타기)' 메뉴 선택
  Step2. 지도에서 근처 공유 자전거의 위치를 확인
  Step3. 자전거 핸들바에 있는 QR코드를 앱으로 스캔
  Step4. QR코드를 인식하면 뒷바퀴 자물쇠가 '딸깍'하고 자동으로 해제
  Step5. 원하는 만큼 타기
  Step6. 주차 가능 구역에 세운 뒤 뒷바퀴를 수동으로 잠그고 앱에서 결제

▲영상 보기

 # 공항 및 기내에서

Track01-03

❶ 공항에서

입국 심사대는 어디에 있나요?
루징 지엔챠커우 짜이 날?
入境 检查口 在 哪儿?
Rùjìng jiǎnchákǒu zài nǎr?

핵심표현 3
~짜이 날?

수하물 찾는 곳	공항 라운지	공항 MRT
싱리 티취츄	**지챵 꾸이삔스**	**지챵 지에윈 쳐**
行李 提取处	机场 贵宾室	机场 捷运 车
xíngli tíqǔchù	jīchǎng guìbīnshì	jīchǎng jiéyùn chē
출국장	보안 검색대	환승 게이트
츄징커우	**안지엔커우**	**쥬안지 떵지커우**
出境口	安检口	转机 登机口
chūjìngkǒu	ānjiǎnkǒu	zhuǎnjī dēngjīkǒu

1터미널을 찾고 있습니다.
워 짜이 쟈오 이하오 항쨘러우.
我 在 找 一号 航站楼。
Wǒ zài zhǎo yīhào hángzhànlóu.

2	3	4번
얼 하오	**싼 하오**	**쓰 하오**
二号	三号	四号
èr hào	sān hào	sì hào

호출 차량 승차장은 어디에 있나요?
왕위에쳐 샹쳐디엔 짜이 날?
网约车 上车点 在 哪儿?
Wǎngyuēchē shàngchēdiǎn zài nǎr?

핵심표현 3
~짜이 날?

❷ 기내에서

제 짐을 위에 올려 주시겠어요?
칭 빵 워 바 싱리 팡 샹취, 하오 마?

请 帮 我 把 行李 放 上去，好 吗?
Qǐng bāng wǒ bǎ xíngli fàng shangqu, hǎo ma?

칭 빵 워~

죄송하지만, 제가 좀 지나가겠습니다.
뿌하오이스, 워 꾸어취 이샤.
不好意思，我 过去 一下。
Bùhǎoyìsi, wǒ guòqu yíxià.

죄송하지만, 제가 안으로 좀 들어가겠습니다.
뿌하오이스, 워 진취 이샤.
不好意思，我 进去 一下。
Bùhǎoyìsi, wǒ jìnqu yíxià.

멀미약 있나요?
여우 윈지야오 마?
有 晕机药 吗?
Yǒu yùnjīyào ma?

물 한 잔 주세요.
칭 게이 워 이 뻬이 슈에이.
请 给 我 一杯 水。
Qǐng gěi wǒ yì bēi shuǐ.

칭 게이 워~

담요	목 베개	헤드폰	물티슈
탄즈	**카오전**	**얼지**	**스진**
毯子	靠枕	耳机	湿巾
tǎnzi	kàozhěn	ěrjī	shījīn

귀마개	안대	구토 봉투	펜
얼싸이	**옌쨔오**	**웨이셩따이**	**비**
耳塞	眼罩	卫生袋	笔
ěrsāi	yǎnzhào	wèishēngdài	bǐ

닌 허 디엔 션머?
(음료는) 무엇을 드시겠습니까?
Nín hē diǎn shénme?
您 喝 点 什么?

저는 커피를 원해요.
워 야오 카페이.
我 要 咖啡。
Wǒ yào kāfēi.

워 야오~

콜라	사과 주스	오렌지 주스	스파클링 워터
크어러	핑구어즈	청즈	치파오 슈에이
可乐	苹果汁	橙汁	气泡 水
kělè	píngguǒzhī	chéngzhī	qìpào shuǐ

맥주	레드 와인	샴페인	화이트 와인
피지어우	홍지어우	시앙삔	빠이푸타오지어우
啤酒	红酒	香槟	白葡萄酒
píjiǔ	hóngjiǔ	xiāngbīn	báipútaojiǔ

쓰레기 좀 버려 주세요.
칭 빵 워 렁 이샤 라지.
请 帮 我 扔 一下 垃圾。
Qǐng bāng wǒ rēng yíxià lājī.

칭 빵 워~

📷 사진으로 보는 여행 TIP

중국 공항의 보안 검색은 한국과 크게 다르지 않지만, 우산, 보조배터리, 라이터에 대해서는 규정이 조금 더 엄격하거나 다른 점이 있으므로 주의해야 해요.

우산(雨伞)	반입은 가능하지만 반드시 꺼내서 보여줘야 함
보조배터리 (充电宝/移动电源)	반드시 용량이 표시되어 있어야 하며, 위탁 수하물은 불가 - 100Wh 이하 자유 반입 - 100~160Wh 항공사 승인 필요 - 160Wh 이상 반입 금지
라이터(打火机)	대부분 휴대 불가

▲영상 보기

그리고, 중국에 입국할 때 입국카드를 작성해야 하는데, 중국어 또는 영어로 또박또박 작성해야 하고, 서명은 여권의 서명과 동일하게 해야 해요.

[앞면]

[뒷면]

 # 지하철에서

Track01-04

❶ 시설 및 방향 묻기

매표기는 어디에 있나요?
셔우피아오지 짜이 날?
售票机 在 哪儿?
Shòupiàojī zài nǎr?

핵심표현3
~짜이 날?

3번 출구

싼 하오 츄커우
三 号 出口
sān hào chūkǒu

화장실

시셔우지엔
洗手间
xǐshǒujiān

물건 보관함(라커)

쯔쭈 지춘꾸이
自助 寄存柜
zìzhù jìcúnguì

쓰레기통

라지통
垃圾桶
lājītǒng

🇨🇳 베이징(北京), 상하이(上海), 광저우(广州) 같은 대도시의 주요 환승역, 관광객이 많이 찾는 역에는 QR코드로 사용할 수 있는 물건 보관함이 있어요.

화장실은 몇 번 출구 근처인가요?
시셔우지엔 짜이 지 하오 츄커우 팡비엔?
洗手间 在 几 号 出口 旁边?
Xǐshǒujiān zài jǐ hào chūkǒu pángbiān?

이 노선이 천안문 가는 건가요?
쩌 티아오 시엔 스 취 티엔안먼 더 마?
这 条 线 是 去 天安门 的 吗?
Zhè tiáo xiàn shì qù Tiān'ānmén de ma?

다음 역은 어디인가요?
샤 이 짠 스 나리?
下 一 站 是 哪里?
Xià yí zhàn shì nǎli?

❷ 안내방송 듣기

번 츠 리에츠어 쯍디엔쨘 쟝양 베이루.
이번 열차의 종착역은 장양 베이루입니다.
Běn cì lièchē zhōngdiǎnzhàn Jiāngyáng Běilù.
本 次 列车 终点站 江杨 北路。

샤 이 쨘 샹하이 후어츠어쨘, 카이 주어비엔 먼.
다음 역은 상하이 기차역, 왼쪽 문이 열립니다.
Xià yí zhàn Shànghǎi huǒchēzhàn, kāi zuǒbiān mén.
下 一 站 上海 火车站，开 左边 门。

칭 쮸이 후안청 리에츠어 더 셔우머 빤츠어 스지엔.
환승 열차의 첫차·막차 시간에 유의해 주시기 바랍니다.
Qǐng zhùyì huànchéng lièchē de shǒumò bānchē shíjiān.
请 注意 换乘 列车 的 首末 班车 时间。

샹하이 후어츠어쨘 따오 러, 카이 주어비엔 먼.
상하이 기차역에 도착했습니다, 왼쪽 문이 열립니다.
Shànghǎi huǒchēzhàn dào le, kāi zuǒbiān mén.
上海 火车站 到 了，开 左边 门。

리에츠어 윈싱, 칭 쨘원 푸하오, 부야오 칸 셔우지, 쮸이 지아오샤 안취엔.
열차가 운행 중입니다. 손잡이를 잘 잡고, 휴대폰을 보지 마시고, 발 밑 안전에 유의해 주십시오.
Lièchē yùnxíng, qǐng zhànwěn fúhǎo, búyào kàn shǒujī, zhùyì jiǎoxià ānquán.
列车 运行，请 站稳 扶好，不要 看 手机，注意 脚下 安全。

📷 사진으로 보는 여행 TIP

중국의 지하철 개찰구를 들어갈 때는 모든 짐을 X레이 기계에 통과시켜야 해요. 또한 물 등 액체를 휴대하고 있다면 예전에는 직접 한 모금 마셔야 했답니다. 하지만 최근에는 많은 지하철역에 액체 전용 검사 장비가 설치되어, 이제는 마실 필요 없이 병을 장비 위에 올려놓기만 하면 내부가 위험한 액체인지 아닌지를 판별할 수 있어요.

▲영상 보기

기차에서

Track01-05

❶ 시설 및 방향 묻기

매표소는 어디에 있나요?

셔우피아오츄 짜이 날?

售票处 在 哪儿?

Shòupiàochù zài nǎr?

핵심표현 3

~짜이 날?

대합실	수하물 보관소	5호차
허우츠어스	**싱리 지춘츄**	**우 하오 쳐시앙**
候车室	行李 寄存处	五 号 车厢
hòuchēshì	xíngli jìcúnchù	wǔ hào chēxiāng

검표구	입구	자동 발매기
지엔피아오커우	**찐짠커우**	**쯔똥 셔우피아오지**
检票口	进站口	自动 售票机
jiǎnpiàokǒu	jìnzhànkǒu	zìdòng shòupiàojī

🇨🇳 한국에서 12306(중국 공식 기차 예매 앱)이나 트립닷컴으로 기차표를 미리 예매하면 편리해요.

쑤저우행 기차 타는 곳은 어디예요?

취 쑤져우 더 후어츠어 짜이 날 쭈어?

去 苏州 的 火车 在 哪儿 坐?

Qù Sūzhōu de huǒchē zài nǎr zuò?

1번 플랫폼은 어디에 있나요?

이 하오 잔타이 짜이 날?

一号 站台 在 哪儿?

Yī hào zhàntái zài nǎr?

핵심표현 3

~짜이 날?

2번	3번	4번	5번
알 하오	**싼 하오**	**쓰 하오**	**우 하오**
二号	三号	四号	五号
èr hào	sān hào	sì hào	wǔ hào

중국에서 기차를 탈 때는 공항처럼 보안 절차를 거친 뒤, 대합실에서 검표 시간을 기다렸다가 플랫폼으로 들어가야 해요. 한국과는 전혀 달라서 미리 알고 가면 기차를 이용할 때 훨씬 수월하답니다.

- 기차 타기
  Step1. 역사 입구(进站口)에서부터 X-ray 검색대를 통과하며 가방 및 물품 검사. 신분증을 요구할 수 있으므로 표나 여권을 바로 제시할 수 있도록 준비
  Step2. 한국처럼 플랫폼으로 바로 내려가지 않고, 대합실(候车厅)에서 기다렸다가 전광판에서 자신의 열차 번호, 검표구(检票口), 승강장(站台) 확인

  Step3. 출발 약 15~20분 전에 전광판에 '검표 시작(开始检票)' 안내가 나오면 해당 검표구로 이동해 검표. 검표는 자동 개찰구에 QR코드 또는 신분증을 인식하는데, 외국 여권의 경우 인식이 잘 안되는 경우도 있으므로 이때는 유인통로(人工通道)로 가서 여권과 예약 내역 제시

  Step4. 검표 후 플랫폼(站台)으로 내려가서 기차에 탑승. 탑승 시 승무원이 표와 좌석을 재확인할 수도 있음
  Step5. 목적지의 역에서도 QR코드나 여권으로 개찰구를 통과해야 나갈 수 있으므로 준비

한국과 달리 플랫폼에 자유롭게 내려갈 수 있는 구조가 아니므로, 보안 검색 및 검표 시간 등을 고려해 평시 30~40분 전, 성수기 60~90분 전에 도착하는 것이 좋아요. 또한 출발 3~5분 전에 검표구 문이 자동으로 닫히기 때문에 늦으면 탑승하지 못할 수 있으며, 검표구와 승강장이 바뀔 수 있으니 전광판을 수시로 확인해야해요. 전광판에서 자주 쓰이는 용어, 检票口(검표구), 站台(플랫폼), 候车(대기), 晚点(지연) 등도 알아 두어요.

▲영상 보기

버스 및 택시에서

Track01-06

❶ 버스 타기

왕푸징에 가려면, 몇 번 버스를 타야 해요?
취 왕푸징, 잉까이 쭈어 지 루 츠어?
去 王府井, 应该 坐 几 路 车?
Qù Wángfǔjǐng, yīnggāi zuò jǐ lù chē?

기차역 가는 버스는 어디서 타요?
취 후어츠어쨘 더 꽁지아오츠어 짜이 날 쭈어?
去 火车站 的 公交车 在 哪儿 坐?
Qù huǒchēzhàn de gōngjiāochē zài nǎr zuò?

다음 정류장은 어디예요?
샤 이 쨘 스 날?
下 一 站 是 哪儿?
Xià yí zhàn shì nǎr?

기사님, 왕푸징에 도착하면 저 좀 알려주세요.
스푸, 따오 왕푸징 더 스허우, 칭 티싱 워 이샤.
师傅, 到 王府井 的 时候, 请 提醒 我 一下。
Shīfu, dào Wángfǔjǐng de shíhou, qǐng tíxǐng wǒ yíxià.

❷ 택시 타기

(택시 타기 전, 기사님께 보여줄 목적지 입력을 부탁할 때)
저를 도와서 목적지를 입력해주세요.
칭 빵 워 슈루 무띠띠.
请 帮 我 输入 目的地。
Qǐng bāng wǒ shūrù mùdìdì.

핵심표현7

칭 빵 워~

🇨🇳 영어 지명은 잘 모르기 때문에 중국어로 보여주는 것이 가장 정확해요.

저는 여기서 내리고 싶어요.

워 야오 짜이 쩌리 샤 츠어.

我要在这里下车。

Wǒ yào zài zhèli xià chē.

핵심표현6
워 야오~

이 주소로 가주세요.

칭 쏭 워 취 쩌거 띠즈.

请送我去这个地址。

Qǐng sòng wǒ qù zhège dìzhǐ.

영수증을 주세요.

칭 게이 워 시아오피아오.

请给我小票。

Qǐng gěi wǒ xiǎopiào.

핵심표현4
칭 게이 워~

📸 사진으로 보는 여행 TIP

중국은 베이징, 상하이, 선전, 광저우, 우한 등 주요 도시에서 이미 무인 택시(无人驾驶出租车) 서비스를 시범, 상용 운영 중에요. 기회가 된다면 한 번 타 보는 것은 어떨까요? (※현지 유심 필요)

- 무인 택시 이용하기

Step1. 百度萝卜快跑(Apollo Go), 小马智行(Pony.ai), 文远知行(Weride) 등의 앱 설치. 일부는 滴滴出行(디디추싱), 高德地图(가오더 지도) 같은 대중 앱에서도 호출 가능

Step2. 일반 택시와 동일하게 출발/도착지 입력. 앱이 가장 가까운 가장 가까운 탑승 구역으로 안내

Step3. 일반 택시처럼 아무데서나 세울 수 없고, 앱에 표시된 승차 지점(上车点)으로 이동

Step4. 차량이 도착하면 앱에서 '开门(문 열기)' 버튼을 누르거나 QR코드를 스캔하고 차량에 탑승

Step5. 차 안에는 안전 안내 화면+비상 정지 버튼(紧急停车)+고객센터 연결 버튼이 있고 필요 시 원격 관제 센터와 바로 연결 가능

Step6. 하차는 지정된 하차 지점(下车点)에서만 가능하고, 결제는 앱에서 알리페이나 위챗페이로 자동 결제

和平饭
PEACE HOTEL
和平饭店

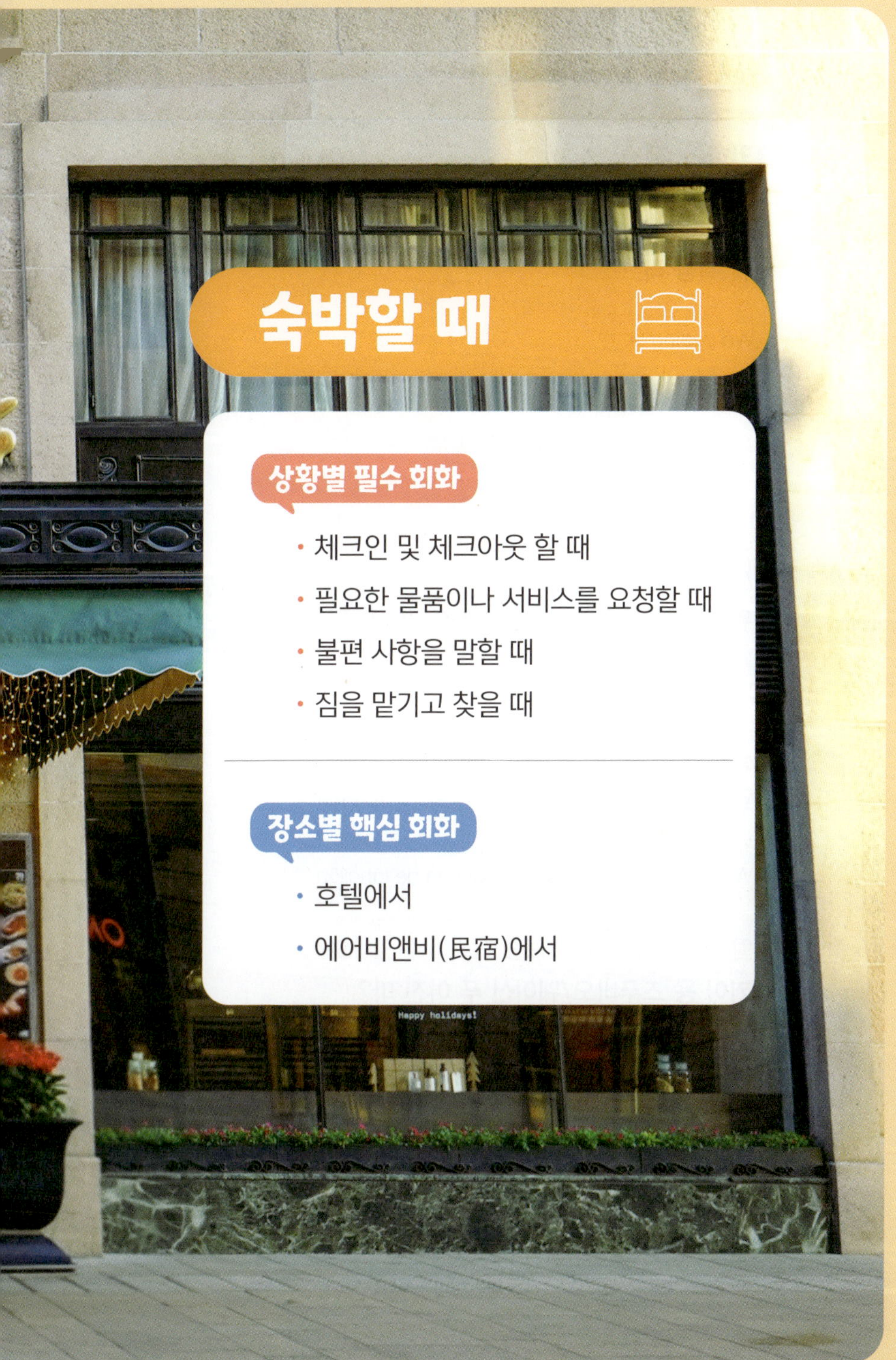

숙박할 때

상황별 필수 회화

- 체크인 및 체크아웃 할 때
- 필요한 물품이나 서비스를 요청할 때
- 불편 사항을 말할 때
- 짐을 맡기고 찾을 때

장소별 핵심 회화

- 호텔에서
- 에어비앤비(民宿)에서

 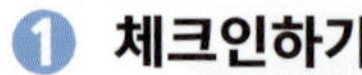

체크인 및 체크아웃 할 때

Track02-01

❶ 체크인하기

예약했습니다.
워 위띵 러.
我 预订 了。
Wǒ yùdìng le.

닌 꾸이 씽?
성함이 어떻게 되세요?
Nín guì xìng?
您 贵 姓?

제 성은 이 씨고, 이명이라고 해요. 이건 제 여권이에요.
워 씽 리, 찌아오 LEE MYUNG. 쪄 스 워 더 후쨔오.
我 姓李, 叫 LEE MYUNG。这是我的护照。
Wǒ xìng Lǐ, jiào LEE MYUNG. Zhè shì wǒ de hùzhào.

저는 금연/흡연층의 방을 원해요.
워 시앙 야오 찐옌/씨옌 러우청 더 팡지엔.
我 想要 禁烟/吸烟 楼层 的 房间。
Wǒ xiǎng yào jìnyān/xīyān lóucéng de fángjiān.

알리페이/위챗페이로 보증금을 낼 수 있나요?
커이 융 즈푸바오/웨이신 푸 야진 마?
可以 用 支付宝/微信 付 押金 吗?
Kěyǐ yòng Zhīfùbǎo/wēixìn fù yājīn ma?

핵심표현1

커이 ~마?

🇨🇳 중국의 호텔에서는 보증금을 요구하는 경우가 있는데, 대부분 1,000위안이고 5성급 호텔은 2,000위안 정도예요. 보증금은 퇴실할 때 돌려받아요.

몇 시에 체크인 할 수 있나요?
지 디엔 커이 루쮸?
几 点 可以 入住?
Jǐ diǎn kěyǐ rùzhù?

❷ 체크아웃하기

체크아웃하려고 합니다.
워 시앙 투에이팡.
我 想 退房。
Wǒ xiǎng tuìfáng.

체크아웃을 연기하고 싶어요.
워 시앙 옌츠 투에이팡.
我 想 延迟 退房。
Wǒ xiǎng yánchí tuìfáng.

닌 시앙 지 디엔 투에이팡?
몇 시에 체크아웃 하려고 하나요?
Nín xiǎng jǐ diǎn tuìfáng?
您 想 几 点 退房?

📷 사진으로 보는 여행 TIP

중국에는 많은 호텔이 있지만 특색있는 호텔 두 군데를 소개할게요.

① ATOUR(亚朵)호텔 :

ATOUR호텔은 '숙면'에 진심인 호텔이에요. 프런트에 요청하면 라텍스나 메밀 베개로 교체해주는 서비스가 있고, 침구 품질이 워낙 좋아서 투숙 후 직접 구매하는 손님도 많아요. 밤에는 객실에서 간단히 죽을 즐길 수 있는 야식 서비스도 제공되니 한 번 이용해보는 것이 어떨까요?

② JI(全季)호텔 :

JI호텔은 동양적 미학과 간결함을 강조하는 중고급 체인 호텔이에요. 객실은 여백의 미를 살린 차분한 디자인으로 꾸며져 있고, 원목 가구와 자연 소재를 활용해 편안한 분위기를 제공해요. 특히 조식은 자체 생태 농장에서 직송한 재료로 만든 건강식이 특징이에요.

필요한 물품이나 서비스를 요청할 때

Track02-02

❶ 물품 요청하기

수건 하나 더 주세요.
칭 뚜어 게이 워 이 티아오 마오진.
请多给我一条毛巾。
Qǐng duō gěi wǒ yì tiáo máojīn.

샤워 타올	일회용 칫솔
이 티아오 위진	이 거 이츠씽 야슈아
一条浴巾	一个一次性牙刷
yì tiáo yùjīn	yí ge yícìxìng yáshuā

슬리퍼	포크
이 슈앙 투어시에	이 거 챠즈
一双拖鞋	一个叉子
yì shuāng tuōxié	yí ge chāzi

비누 있어요?
여우 시앙짜오 마?
有香皂吗?
Yǒu xiāngzào ma?

반창고	전기 모기향	큰 접시	나이프
츄앙커티에	띠엔 원시앙	판즈	찬따오
创可贴	电蚊香	盘子	餐刀
chuāngkětiē	diàn wénxiāng	pánzi	cāndāo

물 한 병 주세요.
칭 게이 워 이 핑 슈에이.
请给我一瓶水。
Qǐng gěi wǒ yì píng shuǐ.

핵심표현 4

칭 게이 워~

> 🇨🇳 중국 호텔에서는 보통 객실마다 하루에 2병의 무료 생수가 제공되며, 부족할 경우에는 언제든지 프런트나 청소 담당 직원에게 요청하면 무료로 받을 수 있어요. 또한, 많은 중국 브랜드의 3성급·4성급 호텔에는 냉장고가 없는 경우가 많아서 확인이 필요해요.

이불 하나 더 갖다 주세요.

짜이 빵 워 나 이 거 뻬이즈.

再 帮 我 拿 一 个 被子。

Zài bāng wǒ ná yí ge bèizi.

② 서비스 요청하기

방 청소하지 마세요.

부야오 다사오 팡지엔.

不要 打扫 房间。

Búyào dǎsǎo fángjiān.

침대 정리하지 마세요.

부야오 셔우스 츄앙.

不要 收拾 床。

Búyào shōushi chuáng.

프린트할 수 있나요?

커이 따인 마?

可以 打印 吗?

Kěyǐ dǎyìn ma?

핵심표현1

커이 ~마?

최근 중·고급 호텔에서는 요청 물품을 로봇이 객실로 배달해 주기도 해요.

• 로봇 배달 이용하기
  Step1. 프런트(0번) 전화나 위챗, 호텔 앱 채팅으로 '수건 2장'처럼 요청
  Step2. 객실 전화, 앱 알림, 문 앞 벨을 통해 '已到达(도착)' 안내
  Step3. 로봇 화면에서 객실 번호를 확인하고, '开门(열기)' 버튼 터치.
      물품을 꺼낸 뒤 '关门(닫기)' 버튼을 누르면 로봇이 자동 복귀

호텔로 음식을 배달시킬 경우, 많은 호텔에서는 객실 카드키가 없으면 엘리베이터를 이용할 수 없어, 배달원이 로비에 있는 로봇에 음식을 넣고 로봇이 객실까지 배달하기도 해요. 배달원은 배달 앱을 통해 고객에게 '外卖用机器人给您送上去(음식이 로봇을 통해 객실에 전달되었습니다)'라는 메시지를 보내요.

▲영상 보기

 불편 사항을 말할 때

Track02-03

① 객실 배정 직후

방이 조금 시끄러워요.
팡지엔 여우디알 챠오.
房间 有点儿 吵。
Fángjiān yǒudiǎnr chǎo.

방 안에 담배 냄새가 나요. 방을 바꿀 수 있나요?
팡지엔 리 여우 옌 월. 커이 환 이 거 팡지엔 마?
房间 里 有 烟味儿。可以 换 一 个 房间 吗?
Fángjiān li yǒu yān wèir. Kěyǐ huàn yí ge fángjiān ma?

핵심표현1

커이 ~마?

수건이 깨끗하지 않아요. 머리카락이 있어요.
마오찐 뿌 깐징. 여우 터우파.
毛巾 不 干净。有 头发。
Máojīn bù gānjing. Yǒu tóufa.

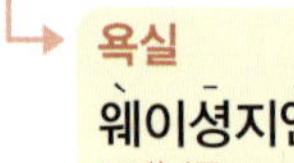

욕실	이불
웨이셩지엔	뻬이즈
卫生间	被子
wèishēngjiān	bèizi

방 청소가 필요해요.
팡지엔 쉬야오 다사오.
房间 需要 打扫。
Fángjiān xūyào dǎsǎo.

② 객실을 이용 중에

에어컨/TV가 고장 났어요!
콩티아오/띠엔스 화이 러!
空调/电视 坏 了!
Kōngtiáo/Diànshì huài le!

리모컨이 잘 안 돼요.
야오콩치 뿌 하오 용.
遥控器 不 好 用。
Yáokòngqì bù hǎo yòng.

휴대폰이 와이파이에 연결되지 않아요.
셔우지 리엔부샹 우시엔왕.
手机 连不上 无线网。
Shǒujī liánbushàng wúxiànwǎng.

방이 너무 덥/춥습니다.
팡지엔 타이 르어/렁 러.
房间 太 热/冷 了。
Fángjiān tài rè/lěng le.

온수가 뜨겁지 않아요.
르어슈에이 부 르어.
热水 不 热。
Rèshuǐ bú rè.

방 안에 모기/바퀴벌레가 있어요.
팡지엔 리 여우 원즈/쨩랑.
房间 里 有 蚊子/蟑螂。
Fángjiān li yǒu wénzi/zhāngláng.

침구 세트를 갈아주세요.
칭 빵 워 환 이 타오 뿌차오.
请 帮 我 换 一 套 布草。
Qǐng bāng wǒ huàn yí tào bùcǎo.

객실 카드 키/전원 공급 카드를 잃어버렸어요.
워 바 팡카/취띠엔카 띠우 러.
我 把 房卡/取电卡 丢 了。
Wǒ bǎ fángkǎ/qǔdiànkǎ diū le.

짐을 맡기고 찾을 때 

Track02-04

❶ 짐 맡기기

짐을 좀 맡길 수 있나요?
커이 지춘 싱리 마?
可以 寄存 行李 吗?
Kěyǐ jìcún xíngli ma?

핵심표현1 
커이 ~마?

여행 가방이 두 개 있습니다.
워 여우 량 거 싱리시앙.
我 有 两个 行李箱。
Wǒ yǒu liǎng ge xínglixiāng.

한 개	세 개	네 개
이 거	싼 거	쓰 거
一个	三个	四个
yí ge	sān ge	sì ge

칭 티엔시에 이샤 싱리 지춘 파이.
짐 보관표를 작성해 주세요.
Qǐng tiánxiě yíxià xíngli jìcún pái.
请 填写 一下 行李 寄存 牌。

칭 치엔쯔.
서명해 주세요.
Qǐng qiānzì.
请 签字。

지춘 싱리 뿌 넝 꾸어 이에.
짐 보관은 하룻밤을 넘길 수 없습니다.
Jìcún xíngli bù néng guò yè.
寄存 行李 不能 过 夜。

워 진티엔 완샹 라이 취.

我 今天 晚上 来取。

Wǒ jīntiān wǎnshang lái qǔ.

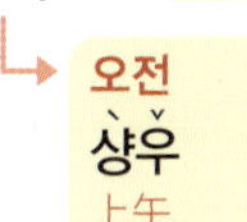

오전	점심	오후
샹우	**쥼우**	**샤우**
上午	中午	下午
shàngwǔ	zhōngwǔ	xiàwǔ

❷ 짐 찾기

워 시앙 취 싱리.

我 想 取 行李。

Wǒ xiǎng qǔ xíngli.

쪄 스 워 더 지춘 핑쪙.

这 是 我 的 寄存 凭证。

Zhè shì wǒ de jìcún píngzhèng.

📷 사진으로 보는 여행 TIP

호텔에서 짐을 맡아주지 않거나, 시간이 애매할 때는 무인 보관함을 이용할 수도 있어요.

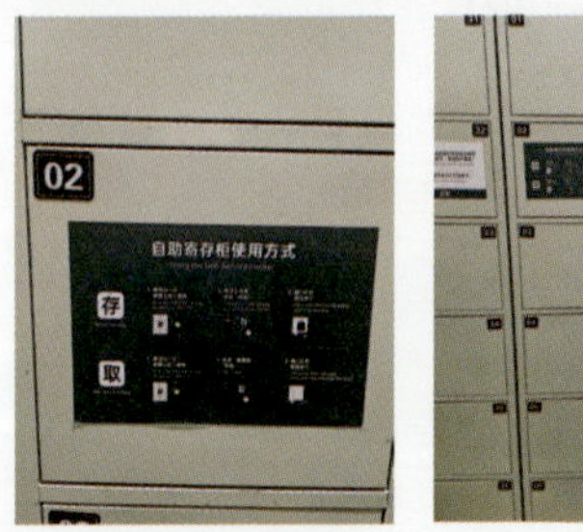

- 무인 보관함 이용하기
  Step1. 지하철역, 기차역, 관광지, 쇼핑몰 등에서 '自助寄存(무인 보관)' 구역 찾기
  Step2. 화면에서 작은/중간/큰 크기를 선택 (크기별로 가격 다름)
  Step3. 알리페이, 위챗페이, QR 결제로 결제 (현금·카드 가능 지역도 있음)
  Step4. 보관함에 물건을 넣고, 인증번호(取物码) 또는 휴대폰 번호 SMS 통지
  Step5. 화면에서 '取件(물건 찾기)' 선택 후 인증번호 입력 또는 QR 확인

▲영상 보기

이동할 때
숙박할 때
식사할 때
쇼핑할 때
관광할 때
긴급할 때

호텔에서

Track02-05

❶ 시설 묻기

헬스장이 몇 층에 있나요?
지엔션팡 짜이 지 러우?
健身房 在 几 楼?
Jiànshēnfáng zài jǐ lóu?

수영장	셀프 세탁실	자판기
여우용츠	**쯔쮸 시이팡**	**쯔똥 셔우후어지**
游泳池	自助 洗衣房	自动 售货机
yóuyǒngchí	zìzhù xǐyīfáng	zìdòng shòuhuòjī

사우나실	커피숍	스파 센터
쌍나팡	**카페이팅**	**슈에이리아오 쭁신**
桑拿房	咖啡厅	水疗 中心
sāngnáfáng	kāfēitīng	shuǐliáo zhōngxīn

회의실	비즈니스 센터	이그제큐티브 라운지
후에이이스	**샹우 쭁신**	**싱쪙 지우랑**
会议室	商务 中心	行政 酒廊
huìyìshì	shāngwù zhōngxīn	xíngzhèng jiǔláng

지엔션팡 짜이 우 러우.
헬스장은 5층에 있어요.
Jiànshēnfáng zài wǔ lóu.
健身房 在 五 楼。

이 러우	알 러우	싼 러우	쓰 러우	우 러우
1층	**2층**	**3층**	**4층**	**5층**
yī lóu	èr lóu	sān lóu	sì lóu	wǔ lóu
一 楼	二 楼	三 楼	四 楼	五 楼

리우 러우	치 러우	빠 러우	지어우 러우	스 러우
6층	**7층**	**8층**	**9층**	**10층**
liù lóu	qī lóu	bā lóu	jiǔ lóu	shí lóu
六 楼	七 楼	八 楼	九 楼	十 楼

 **조식 묻기**

아침 식사 쿠폰을 따로 살 수 있나요?

커이 딴두 마이 자오찬취엔 마?

可以 单独 买 早餐券 吗?

Kěyǐ dāndú mǎi zǎocānquàn ma?

핵심표현1

커이 ~마?

아침 식사는 어디서 하나요?

짜이 날 츠 자오찬?

在 哪儿 吃 早餐?

Zài nǎr chī zǎocān?

아침 식사는 몇 시부터 몇 시까지인가요?

자오찬 총 지 디엔 따오 지 디엔?

早餐 从 几点 到 几点?

Zǎocān cóng jǐ diǎn dào jǐ diǎn?

아침 식사를 방으로 가져다줄 수 있나요?

자오찬 커이 쏭따오 팡지엔 마?

早餐 可以 送到 房间 吗?

Zǎocān kěyǐ sòngdào fángjiān ma?

핵심표현1

커이 ~마?

📷 사진으로 보는 여행 TIP

최신 호텔에서는 객실 AI·스마트 컨트롤을 통해 조명, 에어컨, 커튼, 서비스 요청을 간편하게 할 수 있어요.

① 음성 명령(스마트 스피커) :
   대부분 음성 명령 예시 카드가 함께 있고, 영어도 되지만 중국어가 가장 정확해요. 음소거 버튼으로 프라이버시를 보호할 수도 있어요.

② 패널·벽면 스위치(객실 컨트롤러) :
   주요 단어로 总控(전체 전등), 床头灯(침대등), 壁灯(벽등), 夜灯(야간등), 制冷(냉방), 制热(난방), 送风(송풍), 温度(온도), 风速(풍량), 窗帘(암막) 등을 알아 두어요.

③ QR코드 스캔(모바일 룸컨트롤) :
   QR코드를 스캔해서 조명, 온도, 커튼 등을 원격으로 조종할 수 있어요.

 에어비앤비(民宿)에서

Track02-06

① 이용 문의하기

주소 좀 보내주세요.
칭 바 띠즈 파게이 워.
请把地址发给我。
Qǐng bǎ dìzhǐ fāgěi wǒ.

> **입실 비밀번호**
> **카이 먼 미마**
> 开门密码
> kāi mén mìmǎ

> **WIFI 비밀번호**
> **와이파이 미마**
> WIFI 密码
> WIFI mìmǎ

몇 시에 체크아웃 하나요?
지 디엔 투에이팡?
几点退房?
Jǐ diǎn tuìfáng?

근처에 시장이 있나요?
푸찐 여우 스챵 마?
附近有市场吗?
Fùjìn yǒu shìchǎng ma?

> **편의점**
> **삐엔리띠엔**
> 便利店
> biànlìdiàn

> **아침 식사하는 곳**
> **츠 자오판 더 띠팡**
> 吃早饭的地方
> chī zǎofàn de dìfang

> **맛있는 식당**
> **하오츠 더 찬팅**
> 好吃的餐厅
> hǎochī de cāntīng

옷 세탁/취사할 수 있나요?
넝 시 이푸/쭈어판 마?
能洗衣服/做饭吗?
Néng xǐ yīfu/zuòfàn ma?

❷ 퇴실하기

저희 나왔어요.
워먼 츄라이 러.
我们 出来 了。
Wǒmen chūlai le.

짐을 맡길 수 있나요?
커이 지춘 싱리 마?
可以 寄存 行李 吗?
Kěyǐ jìcún xíngli ma?

똥시 떠우 나하오 러 바? 쮸 닌 뤼투 위콰이!
짐 다 잘 챙기셨죠? 즐거운 여행 되세요!
Dōngxi dōu náhǎo le ba? Zhù nín lǚtú yúkuài!
东西 都 拿好 了 吧? 祝 您 旅途 愉快!

📷 사진으로 보는 여행 TIP

중국의 민박(에어비앤비 등)은 최근 대부분 비대면 방식으로 운영돼요. 예약이 완료되면, 주인이 위챗(WeChat)으로 연락을 요청하며, 체크인 전에 집 위치, 현관문 비밀번호, 이용 시 유의 사항 등을 위챗으로 보내줘요. 투숙객은 필요한 사항이 있을 때 언제든지 위챗을 통해 주인과 소통할 수 있어요.

식사할 때

상황별 필수 회화

• 식당에 들어갈 때
• 음식을 주문할 때
• 필요한 것을 요청할 때
• 식사를 마쳤을 때
• 식당을 예약, 변경, 취소할 때

장소별 핵심 회화

• 딤섬 전문점에서
• 베이징덕(북경 오리) 전문점에서
• 훠궈(샤브샤브) 전문점에서
• 마라탕 및 보보지 전문점에서
• 야시장에서
• 패스트푸드점에서
• 카페 및 밀크티 전문점에서

식당에 들어갈 때

Track03-01

① 예약을 안 한 경우

닌 위위에 러 마?
예약하셨나요?
Nín yùyuē le ma?
您 预约 了 吗?

저는 예약 안 했어요. 빈자리가 있나요?
워 메이여우 위위에. 여우 콩웨이 마?
我 没有 预约。有 空位 吗?
Wǒ méiyǒu yùyuē. Yǒu kòngwèi ma?

닌 지 웨이?
몇 분이세요?
Nín jǐ wèi?
您 几 位?

두 명입니다.
량 거 런.
两 个 人。
liǎng ge rén.

한 명	세 명	네 명	다섯 명
이 거 런	싼 거 런	쓰 거 런	우 거 런
一个人	三个人	四个人	五个人
yí ge rén	sān ge rén	sì ge rén	wǔ ge rén

얼마나 기다려야 하나요?
야오 떵 뚜어지어우?
要 等 多久?
Yào děng duōjiǔ?

② 예약한 경우(예약 확인)

저는 이미 예약했습니다. 저는 이명입니다.
워 이징 위위에 러. 워 스 LEE MYUNG.
我 已经 预约 了。我 是 LEE MYUNG。
Wǒ yǐjīng yùyuē le. Wǒ shì LEE MYUNG.

제 전화번호는 012 - 345 - 6789입니다.
워 더 띠엔화 하오마 스 링 야오 알 - 싼 쓰 우 - 리우 치 빠 지어우.
我 的 电话 号码 是 012 - 345 - 6789。
Wǒ de diànhuà hàomǎ shì líng yāo èr sān sì wǔ liù qī bā jiǔ.

③ 원하는 자리 요청하기

창가 자리로 주세요.
칭 게이 워먼 카오 츄앙 더 쭈어웨이.
请 给 我们 靠窗 的 座位。
Qǐng gěi wǒmen kào chuāng de zuòwèi.

핵심표현 4
칭 게이 워~

금연 구역	좀 조용한	안쪽
우옌취 더	안징 이디알 더	리미엔 더
无烟区 的	安静 一点儿 的	里面 的
wúyānqū de	ānjìng yìdiǎnr de	lǐmiàn de
에어컨이 있는	야외(바깥)	방이 있는
여우 콩티아오 더	와이미엔 더	빠오지엔 더
有 空调 的	外面 的	包间 的
yǒu kōngtiáo de	wàimiàn de	bāojiān de

아기 의자가 있나요?
여우 잉알 쭈어이 마?
有 婴儿 座椅 吗?
Yǒu yīng'ér zuòyǐ ma?

음식을 주문할 때

Track03-02

① 메뉴판 요청하기

한국어 메뉴판 있나요?

여우 한원 차이딴 마?

有 韩文 菜单 吗?

Yǒu Hánwén càidān ma?

영문	**사진이 있는**
잉원	따이 쨔오피엔 더
英文	带 照片 的
Yīngwén	dài zhàopiàn de

🇨🇳 지금은 중국의 거의 모든 식당이 QR코드를 통해 메뉴 확인 및 주문, 결제까지 한 번에 할 수 있어요.

② 음식 주문하기

(메뉴를 보며) 뭐가 제일 맛있어요?

나거 쭈이 하오츠?

哪个 最 好吃?

Nǎge zuì hǎochī?

이곳의 잘하는 요리는 뭐예요?

니먼 쩔 더 나셔우차이 스 션머?

你们 这儿 的 拿手菜 是 什么?

Nǐmen zhèr de náshǒucài shì shénme?

추천하실 만한 요리가 있나요?

니먼 여우 션머 투이지엔 더 차이?

你们 有 什么 推荐 的 菜?

Nǐmen yǒu shénme tuījiàn de cài?

이거 주세요.
라이 쪄거.
来 这个。
Lái zhège.

한 개 더 주세요.
짜이 라이 이 거.
再 来 一 个。
Zài lái yí ge.

한 개	두 개	세 개
이 거	량 거	싼 거
一个	两个	三个
yí ge	liǎng ge	sān ge

1인분	2인분	3인분
이 런 펀	량 런 펀	싼 런 펀
一人份	两人份	三人份
yì rén fèn	liǎng rén fèn	sān rén fèn

한 잔	한 캔	한 병
이 뻬이	이 팅	이 핑
一杯	一听	一瓶
yì bēi	yì tīng	yì píng

이 요리에 뭐가 들어가요?
쪄거 차이 리 여우 션머?
这个 菜 里 有 什么?
Zhège cài li yǒu shénme?

맛조개는 어떻게 요리 가능한가요?

청즈 커이 쩐머 쭈어?

蛏子 可以 怎么 做?

Chēngzi kěyǐ zěnme zuò?

전복 **빠오위** 鲍鱼 bàoyú	**가리비** **샨뻬이** 扇贝 shànbèi	**굴** **셩하오** 生蚝 shēngháo	**골뱅이** **하이루어** 海螺 hǎiluó
게 **팡시에** 螃蟹 pángxiè	**바지락** **그어리** 蛤蜊 gélí	**우럭** **스빤위** 石斑鱼 shíbānyú	**도다리** **뚜어바오위** 多宝鱼 duōbǎoyú
홍합 **하이훙** 海虹 hǎihóng	**가재** **시아오룽시아** 小龙虾 xiǎolóngxiā	**해삼** **하이션** 海参 hǎishēn	**연어** **싼원위** 三文鱼 sānwényú

커이 라 챠오, 칭쩡, 지앙 총 챠오.

매콤하게 볶거나, 찌거나, 생강·파로 볶을 수 있어요.

Kěyǐ là chǎo, qīngzhēng, jiāng cōng chǎo.

可以 辣炒, 清蒸, 姜葱 炒。

빠오챠오 센 불에 빠르게 볶다 bàochǎo 爆炒	**쑤안룽** 다진 마늘로 요리하다 suànróng 蒜蓉
훙샤오 간장 조림하다 hóngshāo 红烧	**라오즈** 중국식 양념장에 무치다 lāozhī 捞汁

❸ 기피하는 재료 말하기

파
총
葱
cōng

오이
후앙꽈
黄瓜
huángguā

땅콩
화셩
花生
huāshēng

당근
후루어보어
胡萝卜
húluóbo

양파
양총
洋葱
yángcōng

버섯
머구
蘑菇
mógu

고추
라지아오
辣椒
làjiāo

계란
지딴
鸡蛋
jīdàn

산초
화지아오
花椒
huājiāo

📷 사진으로 보는 여행 TIP

중국 현지에서 식당 테이블에 붙어있는 QR코드를 스캔하면 주문할 수 있는 미니 프로그램(Mini Program)으로 연결돼요. 미니 프로그램은 위챗(WeChat)이나 알리페이(Alipay) 같은 플랫폼 내에서 별도 앱 설치 없이 즉시 사용할 수 있어요. 위챗은 중국 현지 생활에서 '슈퍼 앱' 생태계의 핵심으로 자리잡으며, 외국인 관광객도 위챗만 있다면 쉽게 이용할 수 있어요.

- 주문하기
  Step1. 위챗에서 '스캔'으로 QR코드를 스캔하고, 미니 프로그램에서 堂食(매장 식사)인지 自提(테이크아웃)인지 선택
  Step2. 원하는 메뉴를 골라서 보관함에 담기
  Step3. 보관함에서 주문할 메뉴들을 확인하고 去支付(결제하러 가기)를 클릭하면 위챗페이로 결제

▲영상 보기

필요한 것을 요청할 때

❶ 음식 관련 요청하기

양파 많이/적게 넣어주세요.

뚜어/샤오 팡 양총.

多/少 放 洋葱。

Duō/Shǎo fàng Yángcōng.

설탕있나요?

여우 탕 마?

有 糖 吗?

Yǒu táng ma?

소금	식초	간장
옌	추	지앙여우
盐	醋	酱油
yán	cù	jiàngyóu

고추장	고춧가루	마늘
라지아오지앙	라지아오펀	쑤안
辣椒酱	辣椒粉	蒜
làjiāojiàng	làjiāofěn	suàn

와사비	참기름	고추
지에머	시앙여우	라지아오
芥末	香油	辣椒
jièmo	xiāngyóu	làjiāo

케첩	양꼬치 향신료	굴소스
판치에지앙	쯔란	하오여우
番茄酱	孜然	蚝油
fānqiéjiàng	zīrán	háoyóu

밥 먼저 주시겠어요?

시엔 샹 미판, 하오 마?

先 上 米饭, 好 吗?

Xiān shàng mǐfàn, hǎo ma?

요리 몇 개 더 추가하고 싶어요.

워 시앙 짜이 지아 지 거 차이.

我 想 再 加 几 个 菜。

Wǒ xiǎng zài jiā jǐ ge cài.

② 물품 요청하기

물티슈 몇 장 주세요.

칭 게이 워 이시에 스진.

请 给 我 一些 湿巾。

Qǐng gěi wǒ yìxiē shījīn.

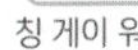
칭 게이 워~

(따뜻한) 물수건  르어마오진 热毛巾 rèmáojīn	**냅킨**  찬진즈 餐巾纸 cānjīnzhǐ	**앞치마**  웨이췬 围裙 wéiqún
얼음 조금  이시에 삥콰이 一些 冰块 yìxiē bīngkuài	**이쑤시개**  야치엔 牙签 yáqiān	**빨대**  씨관 吸管 xīguǎn

숟가락 하나 더 주세요.

칭 짜이 게이 워 이 거 샤오즈.

请 再 给 我 一个 勺子。

Qǐng zài gěi wǒ yí ge sháozi.

젓가락 하나  이 슈앙 콰이즈 一 双 筷子 yì shuāng kuàizi	**접시 하나** 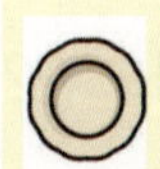 이 거 판즈 一个 盘子 yí ge pánzi	**그릇 하나**  이 거 완 一个 碗 yí ge wǎn
술잔 하나  이 거 지우뻬이 一个 酒杯 yí ge jiǔbēi	**찻잔 하나**  이 거 챠뻬이 一个 茶杯 yí ge chábēi	**포크 하나** 이 거 챠즈 一个 叉子 yí ge chāzi

이거 조금 써요.
쩌거 여우디엔 쿠.
这个 有点 苦。
Zhège yǒudiǎn kǔ.

짜요	매워요	셔요
시엔	라	쑤안
咸	辣	酸
xián	là	suān

싱거워요	느끼해요	덜 익었어요
딴	여우니	셩
淡	油腻	生
dàn	yóunì	shēng

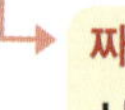

음식이 나오는 게 너무 느려요.
차이 샹 더 타이 만 러.
菜上得太慢了。
Cài shàng de tài màn le.

왜 고수를 넣었나요?
웨이션머 팡 시앙차이 러?
为什么放香菜了?
Wèishénme fàng xiāngcài le?

왜 작은 사이즈가 나왔죠?
웨이션머 샹 더 스 시아오 펀?
为什么上的是小份?
Wèishénme shàng de shì xiǎo fèn?

제가 주문한 건 큰 사이즈예요.
워 야오 더 스 따 펀.
我要的是大份。
Wǒ yào de shì dà fèn.

양이 너무 적어요.

량 타이 시아오 러.

量太小了。

Liàng tài xiǎo le.

이 고기가 덜 익었어요.

쪄거 러우 메이 쭈어 셔우.

这个肉没做熟。

Zhège ròu méi zuò shóu.

사진으로 보는 여행 TIP

중국 식당에서 자주 보이는 공용 젓가락(公筷)과 공용 숟가락(公勺)는 한국 관광객이 헷갈리기 쉬운 문화예요. 공용 젓가락/숟가락은 모든 사람이 함께 사용하는 음식을 덜어내기 위한 도구예요. 즉, 자기 앞에 있는 개인용 젓가락과 숟가락이 아닌, 접시나 냄비에 공용으로 제공되는 위생 도구예요. 다른 사람과 같이 먹는 자리에서는 내 젓가락으로 곧바로 집지 말고 반드시 공용 젓가락/숟가락을 사용하도록 해요.

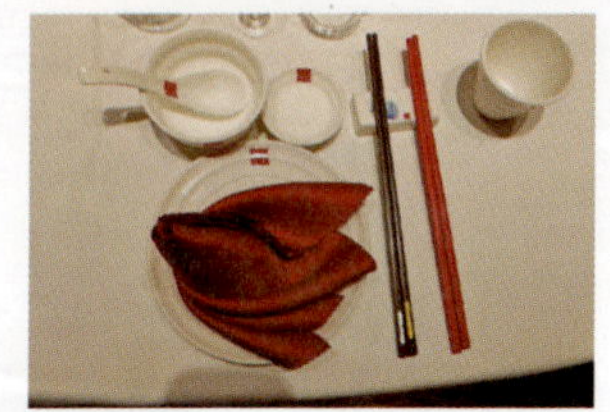

 # 식사를 마쳤을 때

Track03-04

① 남은 음식 포장하기

(남은 음식을) 포장해 주실 수 있나요?

커이 따 빠오 마?

可以打包吗?

Kěyǐ dǎ bāo ma?

핵심표현1

커이 ~마?

> 🇨🇳 중국 대부분의 식당에서는 먹고 남은 음식을 포장해서 가져갈 수 있어요. 보통은 포장을 요청하면 비닐봉지 하나를 줘요. 이 경우, '음식인데 어떻게 비닐에 담아?' 하고 당황하기 쉬운데요, 포장 용기는 추가 비용이 발생하는 경우가 많기 때문에, 아무 말 없이 포장을 요청하면 비닐봉지만 주는 거예요. 당황하지 말고 아래 표현을 이용하세요.

포장 용기 있어요?

여우 따빠오흐어 마?

有打包盒 吗?

Yǒu dǎbāohé ma?

따빠오흐어 이 거 지아 이 콰이 치엔.

포장 용기 하나에 1위안 추가예요.

Dǎbāohé yí ge jiā yí kuài qián.

打包盒 一 个 加 一 块 钱。

포장 용기 두 개 주세요.

게이 워 나 량 거 따빠오흐어.

给我拿两个打包盒。

Gěi wǒ ná liǎng ge dǎbāohé.

제가 직접 포장할게요.

워 쯔지 따 빠오.

我自己打包。

Wǒ zìjǐ dǎ bāo.

 **② 계산하기**

저기요~ 계산해 주세요.
푸우위엔~ 마이딴.
服务员~ 买单。
Fúwùyuán~ mǎidān.

우리는 따로 계산할게요.
워먼 펀카이 푸.
我们分开付。
Wǒmen fēnkāi fù.

카드로 결제할 수 있나요?
커이 슈아 카 마?
可以刷卡吗?
Kěyǐ shuā kǎ ma?

현금으로	**QR 찍어서**	**위챗페이로**	**알리페이로**
용 시엔진	사오마	용 웨이신	용 즈푸바오
用现金	扫码	用微信	用支付宝
yòng xiànjīn	sǎomǎ	yòng wēixìn	yòng Zhīfùbǎo

📷 사진으로 보는 여행 TIP

중국에는 두 가지 영수증이 있어요.

① 小票 :
우리가 흔히 생각하는 일반적인 영수증으로, 물건을 사거나 밥을 먹으면 자동으로 주는 영수증이에요.

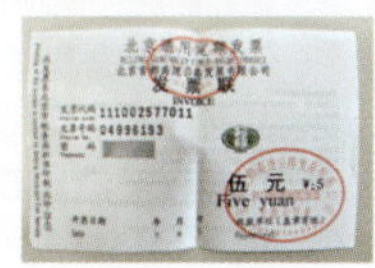

② 发票 :
세금 처리가 되는 공식 영수증이에요. 회사의 비용 처리, 출장비 정산 등을 위해서는 이 영수증이 필요해요.

发票는 발급 요청을 해야만 받을 수 있기 때문에, 发票가 필요하면 계산할 때 직원에게 '워 야오 파피아오(我要发票)'라고 말하면 돼요.

식당을 예약, 변경, 취소할 때

Track03-05

❶ 예약 문의하기

말씀 좀 여쭐게요, (자리/좌석) 예약할 수 있나요?
칭원, 커이 위띵 (쭈어웨이) 마?
请问，可以预订（座位）吗?
Qǐngwèn, kěyǐ yùdìng (zuòwèi) ma?

내일 저녁 7시, 괜찮나요?
밍티엔 완샹 치 디엔, 커이 마?
明天晚上七点，可以吗?
Míngtiān wǎnshang qī diǎn, kěyǐ ma?

오늘	내일	모레	주말
진티엔	밍티엔	허우티엔	쩌우머
今天	明天	后天	周末
jīntiān	míngtiān	hòutiān	zhōumò

월요일	화요일	수요일	목요일
싱치이	싱치알	싱치싼	싱치쓰
星期一	星期二	星期三	星期四
xīngqīyī	xīngqī'èr	xīngqīsān	xīngqīsì

금요일	토요일	일요일	아침
싱치우	싱치리우	싱치티엔	자오샹
星期五	星期六	星期天	早上
xīngqīwǔ	xīngqīliù	xīngqītiān	zǎoshang

오전	점심	오후	저녁
샹우	쭁우	시아우	완샹
上午	中午	下午	晚上
shàngwǔ	zhōngwǔ	xiàwǔ	wǎnshang

1시	2시	3시	4시
이 디엔	량 디엔	싼 디엔	쓰 디엔
一点	两点	三点	四点
yī diǎn	liǎng diǎn	sān diǎn	sì diǎn

5시 우 디엔 五点 wǔ diǎn	**6시** 리우 디엔 六点 liù diǎn	**7시** 치 디엔 七点 qī diǎn	**8시** 빠 디엔 八点 bā diǎn
9시 지어우 디엔 九点 jiǔ diǎn	**10시** 스 디엔 十点 shí diǎn	**11시** 스이 디엔 十一点 shíyī diǎn	**12시** 스얼 디엔 十二点 shí'èr diǎn
5분 (링) 우 펀 (零)五分 (líng) wǔ fēn	**10분** 스 펀 十分 shí fēn	**20분** 알스 펀 二十分 èrshí fēn	**30분** 싼스 펀 三十分 sānshí fēn
40분 쓰스 펀 四十分 sìshí fēn	**50분** 우스 펀 五十分 wǔshí fēn		

커이/뿌 커이.

돼요/안 돼요.

Kěyǐ/Bù kěyǐ.

可以/不可以。

저희는 2명입니다.

워먼 여우 량 거 런.

我们有两个人。

Wǒmen yǒu liǎng ge rén.

한 명 이 거 런 一个人 yí ge rén	**두 명** 량 거 런 两个人 liǎng ge rén	**세 명** 싼 거 런 三个人 sān ge rén
네 명 쓰 거 런 四个人 sì ge rén	**다섯 명** 우 거 런 五个人 wǔ ge rén	**여섯 명** 리우 거 런 六个人 liù ge rén

❷ 예약 변경 및 취소하기

말씀 좀 여쭐게요, 시간을 바꿀 수 있을까요?
칭원, 워 넝 가이 스지엔 마?
请问，我 能 改 时间 吗?
Qǐngwèn, wǒ néng gǎi shíjiān ma?

셴머 스허우? 지 디엔?
언제? 몇 시?
Shénme shíhou? Jǐ diǎn?
什么 时候? 几 点?

예약을 취소하고 싶어요.
워 시앙 취시아오 위위에.
我 想 取消 预约。
Wǒ xiǎng qǔxiāo yùyuē.

📷 사진으로 보는 여행 TIP

중국 현지에서 식당을 예약할 때 가장 널리 사용되는 플랫폼은 美团
(Meituan)이에요. 메이투안은 중국 최대의 생활 서비스 플랫폼으로,
음식점 예약부터 배달, 할인 쿠폰까지 제공해요. 단, 중국어 위주여서
영어 사용이 조금 어려울 수 있어요.

- 예약하기

  Step1. 메이투안 앱에서 美食(맛집)을 클릭

  Step2. 검색 칸에 방문하고 싶은 식당 이름을 입력

  ※ 참고로, 团购(공동구매) 쿠폰을 사용하면 더 큰 할인을 받을 수 있어요. 식당 소개 화면 아래에 团购 메뉴가 있으며, 여기서 원하는 패키지를 선택하고 결제하면 돼요. 쿠폰은 언제든 환불 가능하고, 유효기간이 지나면 자동으로 환불이 돼요. 미리 구매해도 되고, 식당 앞에서 바로 구매하고 사용해도 된답니다.

  Step3. 订座(테이블 예약) 클릭

  Step4. 화면에 순서대로 예약 날짜, 시간, 인원수, 홀이나 룸을 선택하고 下一步(다음) 클릭

  Step5. 姓名(성함)에는 성만 입력해도 되고 女士(여성), 先生(남성)에 체크. 电话(전화)에 전화번호 입력

  Step6. 备注(비고)에 요청 사항 및 방문 목적을 선택하고 确认订座(테이블 예약) 클릭

尽量靠窗(창가 자리)	尽量安静(조용한 자리)
生日聚会(생일 파티)	周年纪念(기념일)
朋友聚会(친구모임)	情侣约会(데이트)
家庭就餐(가족모임)	商务宴请(비즈니스 접대)

  Step7. 화면에 预约成功(예약 성공)이 뜨면 我知道了(알겠습니다)를 클릭해 예약 완료

- 예약 취소하기

  Step1. 앱 아래 我的(MY)를 클릭하고 全部订单(전체 주문)에서 해당 예약을 확인. 预约成功(예약 성공) 밑에 取消(취소)를 클릭하고 다음 화면에서 确认取消(취소 확인) 클릭

  Step2. 취소 이유 화면에서 해당 이유를 클릭

不想去了(안 가고 싶어요)	○
订单信息有误，需重新预订(예약 정보를 틀렸어요)	○
行程有变，需重新预订(일정이 바뀌었어요)	○
餐厅无法满足需求(제 요구에 맞지 않아요)	○
其他(기타)	○

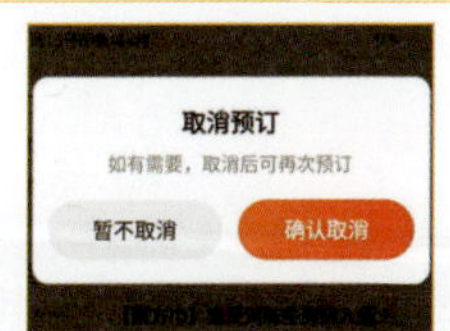
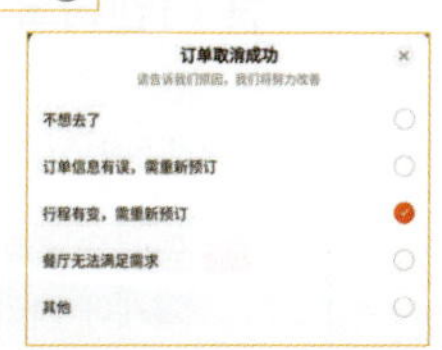

딤섬 전문점에서

Track03-06

❶ 주문하기

> 흐어 션머 챠?
> 차는 무엇으로 하시겠어요?
> Hē shénme chá?
> 喝 什么 茶?
>
> 🇨🇳 딤섬 전문점에서는 자리에 앉으면 우선 차부터 주문 받아요.

녹차 주세요.
워 야오 뤼챠.
我 要 绿茶。
Wǒ yào lǜchá.

핵심표현 6
워 야오~

철관음 티에꽌인 铁观音 tiěguānyīn	**보이차** 푸얼챠 普洱茶 pǔ'ěrchá	**우롱차** 우롱챠 乌龙茶 wūlóngchá
국화차 쥐화챠 菊花茶 júhuāchá	**국화차+보이차** 쥐푸챠 菊普茶 júpǔchá	**홍차** 홍챠 红茶 hóngchá

(주전자에) 물 좀 추가해 주세요.
칭 빵 워 지아 디엔 슈에이.
请 帮 我 加 点 水。
Qǐng bāng wǒ jiā diǎn shuǐ.

핵심표현 7
칭 빵 워~

주문 표시 다 했어요.
워 디엔하오 러.
我 点好 了。
Wǒ diǎnhǎo le.

🇨🇳 딤섬은 QR코드로 주문하거나 메뉴판(또는 카트)에서 골라 주문하면 되는데,
가게에 따라 주문서에 직접 표시하기도 해요.

새우만두
시아지아오
虾饺
xiājiǎo

고기만두
시아오롱빠오
小笼包
xiǎolóngbāo

작은 찐만두
샤오마이
烧卖
shāomài

투명 찐만두
챠오져우 펀 구어
潮州 粉 粿
cháozhōu fěn guǒ

닭고기 연잎 찹쌀밥
누어미지
糯米鸡
nuòmǐjī

두부피 튀김
푸피쥐엔
腐皮卷
fǔpíjuǎn

광둥식 쌀가루 롤
챵펀
肠粉
chángfěn

붉은쌀 롤
홍미챵
红米肠
hóngmǐcháng

바비큐 돼지고기 찐빵
차샤오빠오
叉烧包
chāshāobāo

커스터드 찐빵
리우샤빠오
流沙包
liúshābāo

파인애플 모양 찐빵
뽀루어빠오
菠萝包
bōluóbāo

두리안 파이
리우리엔쑤
榴莲酥
liúliánsū

모닝글로리 볶음
칭챠오차이신
清炒菜心
qīngchǎocàixīn

상추 뚝배기 볶음
져져셩차이빠오
啫啫生菜煲
zhězhěshēngcàibāo

생선 껍질 무침
리앙반위피
凉拌鱼皮
liángbànyúpí

오크라 목이버섯 무침
치우쿠이무얼
秋葵木耳
qiūkuímù'ěr

완탕면
윈툰미엔
云吞面
yúntūnmiàn

소고기 볶음 쌀국수
깐챠오니우허
干炒牛河
gānchǎoniúhé

새우 비빔면
시아자이라오미엔
虾仔捞面
xiāzǎilāomiàn

간장 볶음면
츠여우황챠오미엔
豉油皇炒面
chǐyóuhuángchǎomiàn

홍콩식 거위 구이
샤오어
烧鹅
shāoé

양념 비둘기 구이
카오루꺼
烤乳鸽
kǎorǔgē

블랙빈 소스 찐 닭발
츠즈쩽펑쟈오
豉汁蒸凤爪
chǐzhīzhēngfèngzhǎo

양념 찐 소갈비
니우자이구
牛仔骨
niúzǎigǔ

훈제 고기 솥밥
라웨이빠오자이판
腊味煲仔饭
làwèibāozǎifàn

보트죽
팅자이쪄우
艇仔粥
tǐngzǎizhōu

피단과 돼지고기 죽
피딴셔우러우쪄우
皮蛋瘦肉粥
pídànshòuròuzhōu

무 떡
루어보까오
萝卜糕
luóbogāo

워터체스트넛 떡
마티까오
马蹄糕
mǎtígāo

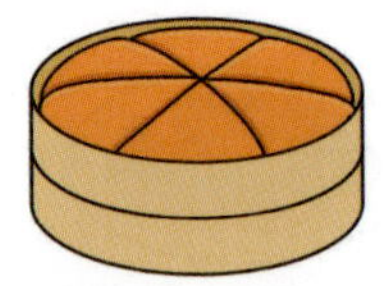

말레이식 카스텔라
마라까오
马拉糕
mǎlāgāo

광둥식 우유 푸딩
슈앙피나이
双皮奶
shuāngpínǎi

열대과일 디저트
양즈깐루
杨枝甘露
yángzhīgānlù

중국의 딤섬(点心)은 단순한 음식이 아니라, 광둥 지역의 전통 아침 차 문화인 广式早茶라고 부르는 특별한 생활 문화예요. 그래서 광둥 지역(특히 광저우, 홍콩)에서는 단순히 아침을 먹는게 아니라 차를 마시면서 가볍게 음식을 곁들이는 문화가 발달했답니다.

• 딤섬 식당 이용하기

자리에 앉으면 먼저 차를 주문해야 하고, 차를 안 마셔도 茶位费(차 자리 비용)이 붙기 때문에, 차를 시키는 것이 일반적이고도 자연스러운 예절이에요. 어떤 차를 마실지 고른 후 주문하면 직원이 작은 주전자와 찻잔을 가져와요. 아래 차들은 딤섬과 잘 어울리는 대표적인 차예요.

▲영상 보기

① 보이차(普洱茶) : 기름진 딤섬과 잘 어울리는 대표 차. 향이 진하고 소화를 도움

② 철관음(铁观音) : 우롱차의 한 종류. 향이 은은하고 깔끔해 한국인 입맛에 적합

③ 국화차(菊花茶) : 상쾌하고 개운한 맛, 튀김류와 조화로움

④ 자스민차(茉莉花茶) : 향긋하고 가벼워 딤섬 초보자에게 인기

⑤ 용정차(龙井茶) : 녹차 계열, 담백한 맛으로 깔끔한 마무리

참고로, 중국에서 차를 따를 때, 감사 인사를 대신해 '손가락 두드리기(叩指礼)'라는 독특한 예절이 있어요. 차를 따라준 사람 앞에서 테이블을 가볍게 손가락 두드리면 '감사합니다'라는 뜻을 전해요.

① 후배가 차를 따라줄 때 :
   한 손가락으로 탁자를 세 번 가볍게 두드립니다.

② 같은 또래인 사람이 차를 따라줄 때 :
   두 손가락을 모아 탁자를 가볍게 세 번 두드립니다.

③ 상사나 연장자가 차를 따라줄 때 :
   주먹을 쥔 손으로 탁자를 가볍게 세 번 두드립니다.

 # 베이징덕(북경 오리) 전문점에서

Track03-07

① 주문하기

북경 오리 1마리 주세요.
칭 라이 이 즈 베이징 카오야.
请来一只北京烤鸭。
Qǐng lái yì zhī běijīng kǎoyā.

반 마리	두 마리
반 즈	량 즈
半只	两只
bàn zhī	liǎng zhī

몇 인분이에요?
쩌 스 지 런 펀?
这是几人份?
Zhè shì jǐ rén fèn?

🇨🇳 보통 1마리는 3인분 정도예요. 2명이면 1마리 + 다른 요리 1~2개를 곁들이면 딱 좋아요.

얇게 썰어 주세요.
칭 치에 더 빠오 이디엔.
请切得薄一点。
Qǐng qiē de báo yìdiǎn.

껍질 따로 주세요.
칭 바 피 게이 워 펀카이.
请把皮给我分开。
Qǐng bǎ pí géi wǒ fēnkāi.

북경 오리 말고 또 다른 특색 요리는 뭐가 있나요?
츄러 카오야, 하이 여우 션머 터써 차이?
除了烤鸭，还有什么特色菜?
Chúle kǎoyā, hái yǒu shénme tèsè cài?

파채
총쓰
葱丝
cōngsī

오이채
황꽈티아오
黄瓜条
huángguātiáo

소스
지앙
酱
jiàng

📷 사진으로 보는 여행 TIP

베이징덕은 오리 한 마리로 세 가지 맛을 즐길 수 있어요.

① 오리 껍질+설탕 :
바삭하고 고소한 오리 껍질을 흰 설탕에 찍어 먹어요.
'입안에서 오리 껍질이 빨리 녹는지, 설탕이 빨리 녹는지' 비교하는 재미도 있습니다.

② 오리 고기+밀전병(卷饼) :
밀전병에 달콤한 춘장(甜面酱)을 바르고, 오리 고기와 파채(葱丝), 오이채(黄瓜条)를 올린 뒤 말아서 한 입에 먹어요.

③ 오리 뼈(鸭架)+국 :
남은 뼈를 이용해 맑은 국이나 배추, 두부가 들어간 국을 끓여 마지막까지 즐겨요.

▲영상 보기

 훠궈(샤브샤브) 전문점에서

Track03-08

❶ 육수 고르기

마라 육수 주세요.
워 야오 마라 꾸어디.
我 要 麻辣 锅底。
Wǒ yào málà guōdǐ.

워 야오~

반반탕 주세요.
워 야오 위엔양 꾸어.
我 要 鸳鸯 锅。
Wǒ yào yuānyāng guō.

워 야오~

니먼 야오 지 죵 꾸어디?
몇 가지 국물을 원하시나요?
Nǐmen yào jǐ zhǒng guōdǐ?
你们 要 几 种 锅底?

저는 두 가지를 원해요, 맑은 국물과 토마토 국물 주세요.
워 야오 량 죵, 야오 칭탕 꾸어디 허 판치에 꾸어디.
我 要 两 种，要 清汤 锅底 和 番茄 锅底。
Wǒ yào liǎng zhǒng, yào qīngtāng guōdǐ hé fānqié guōdǐ.

워 야오~

버섯 국물	삼선(해물) 국물	어류 국물
쥔탕 꾸어디	싼시엔 꾸어디	위 탕
菌汤 锅底	三鲜 锅底	鱼汤
jūntāng guōdǐ	sānxiān guōdǐ	yú tāng
돼지 뼈 국물	**소 뼈 국물**	**양 뼈 국물**
쥬구 탕	니우구 탕	양구 탕
猪骨 汤	牛骨 汤	羊骨 汤
zhūgǔ tāng	niúgǔ tāng	yánggǔ tāng

중국 훠궈(火锅)에는 대표적인 다섯가지 육수(锅底)가 있어요.

① 마라(麻辣锅底) :
얼얼하고 매운(마라) 사천식 육수 베이스, 고추와 화자오(산초)의 강한 향과 매운맛이 특징

② 청탕(清汤锅底) :
기름기 없는 맑은 육수, 담백하고 깔끔한 맛으로 재료 본연의 맛을 즐기기 좋음

③ 판치에(番茄锅底) :
토마토(판치에)를 듬뿍 넣은 새콤달콤한 육수, 어린이와 매운맛을 못 먹는 사람들에게 인기

④ 쥔탕(菌汤锅底) :
각종 버섯(쥔)으로 우려낸 육수, 향이 깊고 담백하며 건강식으로 선호됨

⑤ 싼시엔(三鲜锅底) :
해산물·고기·야채(싼시엔)의 조화를 살린 육수 베이스, 감칠맛이 풍부하고 부드러운 맛

또한, 육수를 여러 가지 고를 수 있고, 육수의 개수에 따라 냄비의 모양도 다 달라요.

① 1가지 육수 :
보통 원형 냄비 사용. 충칭 지역의 九宫格(지우꿍거)는 9칸으로 나뉘어서 칸마다 불의 세기가 달라 재료에 맞게 구분해서 넣을 수 있음

② 2가지 육수 :
鸳鸯锅(위엔양구어)는 마치 짝을 이룬 원앙새(鸳鸯)처럼 반반 나눈 냄비를 말함. 子母锅(쯔무구어)는 '큰 냄비 안에 작은 냄비가 함께 있는 모자 관계'를 상징하는 형태. 2가지 육수인 경우 보통 매운맛과 순한맛을 함께 즐김

③ 3가지 육수 :
삼각형으로 나뉜 화로를 제공

④ 4가지 육수 :
4개의 네모 칸으로 나뉜 화로를 제공

② 고기 선택하기

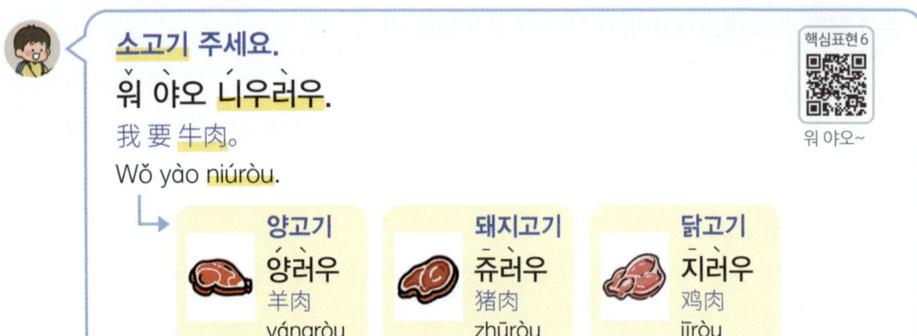

소고기 주세요.

워 야오 니우러우.

我要牛肉。

Wǒ yào niúròu.

핵심표현6

워 야오~

양고기
양러우
羊肉
yángròu

돼지고기
쥬러우
猪肉
zhūròu

닭고기
지러우
鸡肉
jīròu

③ 채소 주문하기

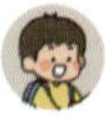

청경채 1인분 주세요.

라이 이 펀 여우차이.

来一份油菜。

Lái yí fèn yóucài.

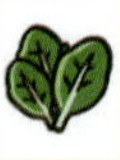

시금치
뽀어차이
菠菜
bōcài

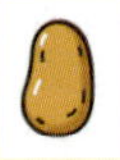

감자 슬라이스
투떠우피엔
土豆片
tǔdòupiàn

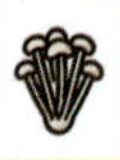

팽이버섯
진전꾸
金针菇
jīnzhēngū

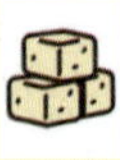

얼린 두부
똥떠우푸
冻豆腐
dòngdòufu

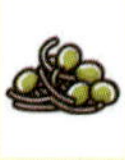

숙주나물
뤼떠우야
绿豆芽
lǜdòuyá

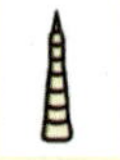

죽순
쥬순
竹笋
zhúsǔn

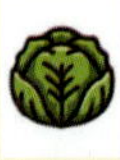

양배추
빠오차이
包菜
bāocài

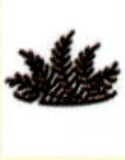

고사리
쥐에차이
蕨菜
juécài

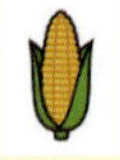

옥수수
위미
玉米
yùmǐ

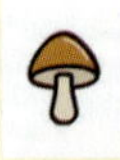

버섯
모어구
蘑菇
mógu

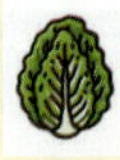

배추
바이차이
白菜
báicài

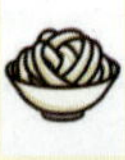

넓은 당면
쿠안 펀
宽粉
kuān fěn

❹ 소스 선택하기

소스는 셀프인가요?

짠리아오 스 쯔쮸 더 마?

蘸料 是 自助 的 吗?

Zhànliào shì zìzhù de ma?

소스 코너는 어디에 있어요?

짠리아오 타이 짜이 날?

蘸料 台 在 哪儿?

Zhànliào tái zài nǎr?

핵심표현3

~짜이 날?

> 🇨🇳 중국 훠궈집에는 보통 소스 코너(蘸料台)가 따로 있어서 손님이 직접 가서 다양한 재료를 섞어 자기만의 소스를 만들어 먹어요.

고추기름 있나요?

여우 라지아오여우 마?

有 辣椒油 吗?

Yǒu làjiāoyóu ma?

진간장	묵은 식초	굴 소스
셩쳐우	**쳔추**	**하오여우**
生抽	陈醋	蚝油
shēngchōu	chéncù	háoyóu
다진 마늘	쪽파	고수
쑤안니	**시앙총**	**시앙차이**
蒜泥	香葱	香菜
suànní	xiāngcōng	xiāngcài
발효 두부	참깨	볶은 산초 소금
푸루	**즈마**	**지아오옌**
腐乳	芝麻	椒盐
fǔrǔ	zhīma	jiāoyán
홍고추	고춧가루	후춧가루
시아오미라	**라지아오미엔**	**후지아오펀**
小米辣	辣椒面	胡椒粉
xiǎomǐlà	làjiāomiàn	hújiāofěn

마지앙 메이여우 러.
깨 소스는 다 떨어졌어요.
Májiàng méiyǒu le.
麻酱 没有 了。

화셩지앙 **땅콩 소스** huāshēngjiàng 花生酱	**니우러우지앙** **소고기 양념장** niúròujiàng 牛肉酱	**샤챠지앙** **사차 소스** shāchájiàng 沙茶酱
라지아오여우 **고추기름** làjiāoyóu 辣椒油	**시앙여우** **참기름** xiāngyóu 香油	**하이시엔지앙** **해선장** hǎixiānjiàng 海鲜酱

 사진으로 보는 여행 TIP

보통 소스를 주문하는 가게가 아니라면 소스가 가득 있는 카트를 종업원이 끌고 다니며 직접 보고 고를 수 있게 해요. 또는 셀프바가 있어서 개인의 취향에 맞게 만들어 먹을 수도 있어요.

▲영상 보기

안 매운 육수용 소스
칭탕 쨘리아오
清汤 蘸料
Qīngtāng zhànliào

간장 2 숟가락
묵은 식초 3숟가락
다진 마늘 1숟가락
홍고추, 고수, 쪽파 약간

다용도 소스
완넝 쨘리아오
万能 蘸料
Wànnéng zhànliào

간장 1 숟가락
묵은 식초 1숟가락
굴소스 0.5숟가락
참기름 1숟가락
다진 마늘 1숟가락
홍고추, 고수, 쪽파, 참깨, 설탕 약간

마른 소스
깐디에 쨘리아오
干碟 蘸料
Gāndié zhànliào

고추가루 1숟가락
참깨 1숟가락
후추, 소금 0.5 숟가락
다진 땅콩1숟가락

고추기름 + 다진 마늘 소스
쑤안니 여우디에
蒜泥 油碟
Suànní yóudié

참기름 1숟가락
다진 마늘 1숟가락
묵은 식초 1숟가락
홍고추, 쪽파, 고수 약간

해산물 소스
하이시엔 쨘리아오
海鲜 蘸料
Hǎixiān zhànliào

간장 1 숟가락
참기름 1숟가락
다진 마늘 1숟가락
굴소스 0.5숟가락
참깨 1숟가락
홍고추, 쪽파, 고수 약간

참깨 소스
마지앙 쨘리아오
麻酱 蘸料
májiàng zhànliào

깨장 2숟가락
묵은 식초 1숟가락
굴소스 1숟가락
고추기름 1숟가락
참깨 1숟가락
발효 두부 0.5숟가락
설탕, 고수, 쪽파 약간

 마라탕 및 보보지 전문점에서

Track03-09

❶ 마라탕 주문하기

 이거 넣어 주세요.
칭 지아 쪄거.
请加这个。
Qǐng jiā zhège.

 고기 더 넣어주세요.
칭 뚜어 지아 이디엔 러우.
请多加一点肉。
Qǐng duō jiā yìdiǎn ròu.

감자 투떠우 土豆 tǔdòu	쑥갓 퉁하오차이 茼蒿菜 tónghāocài	시금치 뽀어차이 菠菜 bōcài
청경채 시아오여우차이 小油菜 xiǎoyóucài	메추리알 안춘딴 鹌鹑蛋 ānchúndàn	연근 리엔어우 莲藕 lián'ǒu
넓적 당면 펀티아오 粉条 fěntiáo	숙주나물 뤼떠우야 绿豆芽 lǜdòuyá	오징어 여우위 鱿鱼 yóuyú
새우 완자 시아완 虾丸 xiāwán	게맛살 시에러우빵 蟹肉棒 xièròubàng	어묵 볼 위완 鱼丸 yúwán
두부피 떠우피 豆皮 dòupí	얼린 두부 똥떠우푸 冻豆腐 dòngdòufu	푸주 푸쥬 腐竹 fǔzhú

면을 추가할 수 있나요?
커이 지아 미엔 마?
可以加面吗?
Kěyǐ jiā miàn ma?

커이 ~마?

니 야오 지아 션머 미엔?
어떤 면을 추가하시겠어요?
Nǐ yào jiā shénme miàn?
你要加什么面?

저는 라면을 추가하고 싶어요.
워 야오 지아 팡비엔미엔.
我要加方便面。
Wǒ yào jiā fāngbiànmiàn.

워 야오~

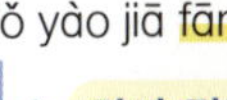

감자 당면	계란면	우동면
투떠우 펀	**지딴미엔**	**우똥미엔**
土豆粉	鸡蛋面	乌冬面
tǔdòu fěn	jīdànmiàn	wūdōngmiàn

쌀국수	도삭면	옥수수 면
미씨엔	**따오시아오미엔**	**위미 미엔티아오**
米线	刀削面	玉米 面条
mǐxiàn	dāoxiāomiàn	yùmǐmiàn tiáo

이거 좀 익혀주세요.
칭 쥬 이샤 쪄거.
请煮一下这个。
Qǐng zhǔ yíxià zhège.

다 골랐어요.
워 쉬엔하오 러.
我选好了。
Wǒ xuǎnhǎo le.

❷ 마라탕 맵기와 간 조절하기

국물 많이/적게 주시겠어요?

탕 뚜어/샤오 이디엔, 하오 마?

汤 多/少 一点，好 吗?

Tāng duō/shǎo yìdiǎn, hǎo ma?

🇨🇳 보통 중국인들은 국물은 마시지 않고 건더기만 먹어요.

맵게/간을 약하게 해주세요.

라/딴 이디엔.

辣/淡 一点。

là/dàn yìdiǎn.

너무 짜지 않게 해주세요.

부야오 타이 시엔.

不要 太 咸。

Búyào tài xián.

❸ 보보지 주문하기

닭꼬치 두 개 주세요.

워 야오 량 츄안 지러우.

我 要 两 串 鸡肉。

Wǒ yào liǎng chuàn jīròu.

핵심표현 6

워 야오~

닭발	닭심장	소고기	돼지고기
지쥬아	**지신**	**니우러우**	**쥬러우**
鸡爪	鸡心	牛肉	猪肉
jīzhuǎ	jīxīn	niúròu	zhūròu

게맛살	연근	팽이버섯	미역줄기
시에러우빵	**어우피엔**	**진쪈꾸**	**하이따이**
蟹肉棒	藕片	金针菇	海带
xièròubàng	ǒupiàn	jīnzhēngū	hǎidài

고추기름/마라 소스/고소한 맛으로 주세요.

워 야오 훙여우/텅지아오/우시앙.

我 要 红油/藤椒/五香。

Wǒ yào hóngyóu/téngjiāo/wǔxiāng.

핵심표현6
워 야오~

🇨🇳 홍여우(红油)는 고추기름으로 매운맛이 강하고, 텅지아오(藤椒)는 얼얼한 마라 맛이 강하며, 우시앙(五香)은 맵지 않고 고소한 맛이에요. 입맛에 맞게 주문해 보세요.

테이크아웃을 원해요.

워 야오 따 빠오.

我 要 打 包。

Wǒ yào dǎ bāo.

핵심표현6
워 야오~

여기서 먹을게요.

워 짜이 쪄리 츠.

我 在 这里 吃。

Wǒ zài zhèli chī.

📸 사진으로 보는 여행 TIP

마라탕(麻辣烫), 마라샹궈(麻辣香锅), 보보지(钵钵鸡)는 모두 중국 쓰촨성에서 즐겨 먹는 마라 맛의 간식거리이며, 현대에는 중국 전역에서 인기를 끌고 있는 길거리 음식이에요. 특히 보보지는 조리된 닭고기를 작은 조각으로 잘라 부위별로 대나무 꽂이에 꿰어 팔던 것에서 유래했어요. 다양한 야채와 식재료가 함께 추가되며, 마라 맛의 육수에 담궈 충분히 맛을 낸 뒤, 차갑게 내놓아요.

▲영상 보기

 # 야시장에서

Track03-10

① 주문하기

양고기 꼬치 1인분 얼마예요?
양러우 츄안 뚜어샤오 치엔 이 거?
羊肉串 多少 钱 一 个?
Yángròu chuàn duōshao qián yí ge?

굴 구이  **카오셩하오** 烤生蚝 kǎoshēngháo	**소시지 구이**  **카오챵** 烤肠 kǎocháng
철판 오징어 구이  **티에반 여우위** 铁板 鱿鱼 tiěbǎn yóuyú	**찹쌀떡**  **마츠** 麻糍 mácí
국화빵  **쳐룬빙** 车轮饼 chēlúnbǐng	**커다란 닭튀김**  **지파이** 鸡排 jīpái

마라 가재 1인분 주세요.
야오 이 펀 마라 시아오롱시아.
要 一 份 麻辣 小龙虾。
Yào yí fèn málà xiǎolóngxiā.

취두부 **쳐우떠우푸** 臭豆腐 chòudòufu	**철판 두부 구이** **티에반 떠우푸** 铁板 豆腐 tiěbǎn dòufu	**새콤 매콤한 국수** **쑤안라펀** 酸辣粉 suānlàfěn
냉면 구이 **카오 렁미엔** 烤 冷面 kǎo lěngmiàn	**고구마 전병 구이** **카오 샤오피** 烤 苕皮 kǎo sháopí	**중국식 크레이프** **지엔빙 구어즈** 煎饼 果子 jiānbǐng guǒzi

약간 매운 맛으로 주세요.
야오 웨이 라.
要微辣。
Yào wēi là.

많이 매운 맛
뚜어 팡 라
多放辣
duō fàng là

안 매운 맛
부야오 라
不要辣
búyào là

젓가락 두 세트 주세요.
칭 게이 워 량 슈앙 콰이즈.
请给我两双筷子。
Qǐng gěi wǒ liǎng shuāng kuàizi.

얼마나 기다려야 되나요?
야오 떵 뚜어 챵 스지엔?
要等多长时间?
Yào děng duō cháng shíjiān?

🎞 사진으로 보는 여행 TIP

중국의 야시장은 다양한 길거리 음식과 저렴한 쇼핑을 동시에 즐길 수 있는 명소예요.

먹거리로는 꼬치 구이, 취두부, 지단 볶음, 탕후루, 마라소, 밀크티 등 독특한 먹거리가 가득해 골라 먹는 재미가 있으며, 손님이 많고 회전이 빠른 가게를 선택하면 보다 위생적인 음식을 먹을 수 있어요.

쇼핑을 할 때는 흥정을 통해 옷, 액세서리, 장난감, 수공예품 등을 저렴하게 구입할 수도 있어요.

대표적인 야시장으로는 사천요리와 마라소가 유명한 베이징의 꾸이지에(簋街), 샤오롱바오와 성지엔이 유명한 상하이의 청황미아오(城隍庙), 러우지아모와 양고기 국수가 유명한 시안의 후이민지에(回民街), 해산물 꼬치와 맥주 안주거리가 풍부해 해안 도시 분위기를 느낄 수 있는 칭다오의 타이동(台东) 등이 있어요. 야시장의 화려한 조명 아래 북적이는 사람들 사이를 걸으며 현지의 생생한 분위기와 문화를 온몸으로 체험해 봐요. 단, 사람이 많고 혼잡하므로 지갑이나 휴대폰 등을 분실하지 않도록 주의해야 해요.

 패스트푸드점에서

Track03-11

① 주문하기

새우 버거 하나 주세요.
워 야오 이 거 시아바오.
我 要 一 个 虾堡。
Wǒ yào yí ge xiābǎo.

핵심표현6
워 야오~

와퍼 주니어
시아오 황바오
小 皇堡
xiǎo huángbǎo

와퍼
황바오
皇堡
huángbǎo

치즈 버거
이청 즈스 니우바오
一层 芝士 牛堡
yìcéng zhīshì niúbǎo

더블 치즈 버거
슈앙청 즈스 니우바오
双层 芝士 牛堡
shuāngcéng zhīshì niúbǎo

스파이시 치킨 버거
추이 라 황진 지투에이 바오
脆 辣 黄金 鸡腿 堡
cuì là huángjīn jītuǐ bǎo

크리스피 대구 버거
시앙추이 쉬에위바오
香脆 鳕鱼堡
xiāngcuì xuěyúbǎo

더블 크리스피 치킨 버거
슈앙청 추이지바오
双层 脆鸡堡
shuāngcéng cuìjībǎo

앵거스 두툼 비프 버거
따쭈에이 안꺼쓰
大嘴 安格斯
dàzuǐ āngésī

> 🇨🇳 일부 햄버거는 맛을 고를 수 있는데, 오리지널은 原味(위엔웨이), 스파이시는 天椒(티엔지아오)라고 해요. 주문할 때는 햄버거 이름 뒤에 붙여서 '워 야오 이 거 시아오 후앙바오 위엔웨이(와퍼 주니어 오리지널 주세요)'라고 하면 돼요.

햄버거 세트 A 하나 주세요.
칭 라이 이 펀 A (한바오) 타오찬.
请 来 一 份 A（汉堡）套餐。
Qǐng lái yí fèn A (hànbǎo) tàocān.

세트 말고 햄버거만 주세요.
부야오 타오찬, 즈야오 한바오.
不要 套餐，只要 汉堡。
Búyào tàocān, zhǐyào hànbǎo.

감자튀김 주세요.
칭 게이 워 슈티아오.
请 给 我 薯条。
Qǐng gěi wǒ shǔtiáo.

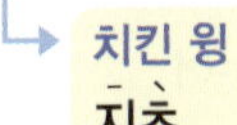

치킨 윙	치킨 너겟	치킨 텐더
지츠	지콰이	지리어우
鸡翅	鸡块	鸡柳
jīchì	jīkuài	jīliǔ

어니언 링	샐러드	옥수수컵
양총 취엔	샤라	위미 뻬이
洋葱 圈	沙拉	玉米 杯
yángcōng quān	shālā	yùmǐ bēi

아이스크림콘	선데 아이스크림	콜라
추이피 삥치린	셩따이	크어러
脆皮 冰淇淋	圣代	可乐
cuìpí bīngqílín	shèngdài	kělè

치즈/토마토/양상추 추가할 수 있나요?
커이 지아 지스/시홍스/셩차이 마?
可以 加 吉士/西红柿/生菜 吗?
Kěyǐ jiā jíshì/xīhóngshì/shēngcài ma?

테이크아웃이에요/여기서 먹을게요.
따이 저우/짜이 쩌리 츠.
带 走/在 这里 吃。
Dài zǒu/Zài zhèli chī.

 # 카페 및 밀크티 전문점에서 

Track03-12

① 카페에서 주문하기

아메리카노 한 잔 주세요.
라이 이 뻬이 **메이스** 카페이.
来一杯 美式 咖啡。
Lái yì bēi měishì kāfēi.

콜드브루	라떼	카푸치노
렁추이 카페이	나티에	카뿌치누어
冷萃 咖啡	拿铁	卡布奇诺
lěngcuì kāfēi	nátiě	kǎbùqínuò

아이스/핫으로 주세요.
야오 삥 더/르어 더.
要 冰 的/热 的。
Yào bīng de/rè de.

톨 사이즈로 주세요.
야오 즁 뻬이 더.
要 中杯 的。
Yào zhōng bēi de.

숏 사이즈	그란데 사이즈	벤티 사이즈
 시아오 뻬이	 따 뻬이	 챠오 따 뻬이
小杯	大杯	超大杯
xiǎo bēi	dà bēi	chāo dà bēi

테이크아웃이에요/여기서 마실게요.
따이 저우/짜이 쪄리 허.
带 走/在 这里 喝。
Dài zǒu/Zài zhèli hē.

바닐라 크림 콜드브루
시앙챠오 나이여우 렁추이 카페이

香草 奶油 冷萃 咖啡
xiāngcǎo nǎiyóu lěngcuì kāfēi

플랫 화이트
푸루이바이

馥芮白
fùruìbái

오레오 프라푸치노
아오리아오 씽 삥러

奥利奥 星 冰乐
āolì'ào xīng bīnglè

벚꽃 프라푸치노
잉화 씽 삥러

櫻花 星 冰乐
yīnghuā xīng bīnglè

블루베리 프라푸치노
란메이 씽 삥러

蓝莓 星 冰乐
lánméi xīng bīnglè

모카 쿠키 크럼블 프라푸치노
머카 커커 쒜이피엔 씽 삥러

摩卡 可可 碎片 星 冰乐
mókǎ kěkě suìpiàn xīng bīnglè

말차 프라푸치노
머챠 씽 삥러

抹茶 星 冰乐
mǒchá xīng bīnglè

아이스티
삥 훙 챠

冰红茶
bīng hóng chá

모카
머카

摩卡
mókǎ

헤이즐넛 라떼
쩡구어 펑웨이 나티에

榛果 风味 拿铁
zhēnguǒ fēngwèi nátiě

단호박 크림치즈 라떼
난꽈 즈스 펑웨이 나티에

南瓜 芝士 风味 拿铁
nánguā zhīshì fēngwèi nátiě

딸기맛 라떼
차오메이 펑웨이 나티에

草莓 风味 拿铁
cǎoméi fēngwèi nátiě

말차 라떼
머챠 나티에

抹茶 拿铁
mǒchá nátiě

바닐라 라떼
시앙챠오 펑웨이 나티에

香草 风味 拿铁
xiāngcǎo fēngwèi nátiě

카라멜 마키아토
지아오탕 마치두어

焦糖 玛奇朵
jiāotáng mǎqíduǒ

코코아 마키아토
커커 마치두어

可可 玛奇朵
kěkě mǎqíduǒ

※ 아이스로 주문할 때는 메뉴명 앞에 삥(冰, bīng)을 넣어 말하면 돼요.

❷ 밀크티 전문점에서 주문하기

밀크티 한 잔 주세요.
라이 이 뻬이 나이챠.
来 一 杯 奶茶。
Lái yì bēi nǎichá.

흑당 타피오카 펄 추가해 주세요.
지아 헤이탕 쪈쮸.
加 黑糖 珍珠。
Jiā hēitáng zhēnzhū.

사고 펄 **시미** 西米 xīmǐ	바삭한 펄 **추이 뽀어보어** 脆 啵啵 cuì bōbō	타로 볼 **위 위엔** 芋 圆 yù yuán
치즈 밀크폼 **즈스 나이까이** 芝士 奶盖 zhīshì nǎigài	코코넛 젤리 **이에 구어** 椰 果 yē guǒ	자몽 과육 **홍여우 구어리** 红柚 果粒 hóngyòu guǒlì

따뜻한 것 주세요.
야오 르어 더.
要 热 的。
Yào rè de.

얼음 많이 **뚜어 삥 더** 多冰的 duō bīng de	얼음 보통 **쪙챵 삥 더** 正常冰的 zhèngcháng bīng de
얼음 적게 **샤오 삥 더** 少冰的 shǎo bīng de	얼음 빼고 **취 삥 더** 去冰的 qù bīng de

야오 빤 탕.

要 半 糖。

Yào bàn táng.

설탕 100%	설탕 70%	설탕 25%	무설탕
취엔 탕	**치 펀 탕**	**웨이 탕**	**뿌 지아 탕**
全糖	七分糖	微糖	不加糖
quán táng	qī fēn táng	wēi táng	bù jiā táng

📷 사진으로 보는 여행 TIP

중국의 대표 밀크티 브랜드 중 하나로 헤이티(喜茶)가 있는데 요, 항상 사람이 많기 때문에 위챗 미니프로그램으로 미리 주문 후 매장에서 바로 픽업하는 것을 추천해요. 헤이티의 음료 중 '로 스티드 브라운 슈가 보보 밀크티(烤黑糖波波牛乳茶)'는 270일 자연 숙성된 타피오카 흑당 보보를 매일 65분간 천천히 졸여 쫀 득하고 달콤한 맛을 내고, 여기에 클래식 홍차 밀크티가 더해져 진하고 풍부한 풍미를 느낄 수 있어 꼭 마셔보는 것을 추천해요.

- 주문하는 법
  Step1. 위챗 미니프로그램에서 '烤黑糖波波牛乳茶' 검색
  Step2. 規格(사이즈) 선택 :
  　　　常規(일반 컵)
  Step3. 狀態(온도) 선택 :
  　　　冰(아이스) / 比較烫(뜨거움) / 温(따뜻함)
  Step4. 冰量(얼음 양) 선택 :
  　　　少冰(적게) / 少少冰(아주 적게) / 去冰(얼음 없음)
  Step5. 甜度(당도) 선택 :
  　　　少甜(약간 달게) / 少少甜(아주 조금 달게) / 不另外加黑糖(흑당 추가 없음) /
  　　　多甜(더 달게)
  Step6. 云顶(크림폼) 선택 :
  　　　云顶(크림폼 추가) / 去云顶(크림폼 제외)
  Step7. 绿色喜茶(그린 헤이티 옵션) 선택 :
  　　　可降解吸管(친환경 빨대) / 不使用吸管(빨대 사용 안 함)

옵션 중 推荐는 추천, 不推荐는 비추천이라는 뜻이므로, 추천이라고 쓰인 옵션 을 선택하면 가장 맛있는 음료를 마실 수 있을 거예요.

▲영상 보기

上海女人
1932 雪花膏

쇼핑할 때

상황별 필수 회화

- 가격 문의 및 흥정할 때
- 결제할 때
- 교환 및 환불할 때

장소별 핵심 회화

- 편의점 및 마트에서
- 전통차 가게에서
- 옷 가게에서
- 팝마트 및 미니소에서

가격 문의 및 흥정할 때

Track04-01

❶ 가격 묻기

이거 얼마예요?
쪄거 뚜어샤오 치엔?
这个 多少 钱?
Zhège duōshao qián?

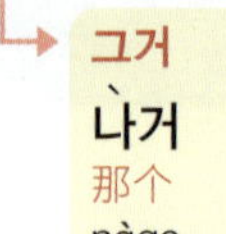
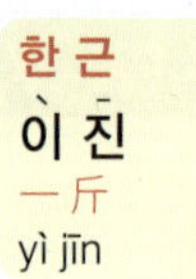
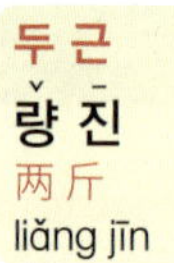

그거	한 근	두 근
나거	**이 진**	**량 진**
那个	一斤	两斤
nàge	yì jīn	liǎng jīn

세일 중이에요?
짜이 따져 마?
在 打折 吗?
Zài dǎzhé ma?

따 빠 즈어.
20% 할인해요.
Dǎ bā zhé.
打 八 折。

이	알	쓰	빠 우	치 우
90%	80%	60%	15%	25%
yī	èr	sì	bā wǔ	qī wǔ
一	二	四	八 五	七 五

🇨🇳 중국에서는 할인율을 '几折(몇 zhé)'라고 쓰는데, 원래 가격의 몇 %를 내는지를 뜻해요. 만약 打九折라고 써 있으면 원래 가격의 90%만 내는 것, 즉, 10% 할인이라는 뜻이에요. 그럼 打八折은? 바로, 원래 가격의 80%만 내는 것, 즉 20% 할인이겠죠? 이렇게 숫자가 낮을수록 더 큰 할인이랍니다.

할인 후 얼마예요?
따완 즈어 뚜어샤오 치엔?
打完折 多少钱?
Dǎwán zhé duōshao qián?

  **흥정하기**

너무 비싸요, 좀 깎아 주세요!
타이 꾸이 러, 피엔이 디알!
太贵了, 便宜点儿!
Tài guì le, piányi diǎnr!

워먼 쪄리 부알지아.
저희는 가격을 깎지 않습니다(정찰제입니다).
Wǒmen zhèli bú'èrjià.
我们这里不二价。

조금 더 할인해 줄 수 있나요?
커이 짜이 피엔이 이디엔 마?
可以再便宜一点吗?
Kěyǐ zài piányi yìdiǎn ma?

최저 얼마예요?
쭈이 띠 뚜어샤오 치엔?
最低多少钱?
Zuì dī duōshao qián?

이징 쭈이 띠 러!
이미 최저가예요!
Yǐjīng zuì dī le!
已经最低了!

당신이 말하는 최고 가격은 얼마예요?
니 슈어 쭈이 까오 뚜어샤오 치엔?
你说最高多少钱?
Nǐ shuō zuì gāo duōshao qián?

🇨🇳 정찰제가 아닐 때는 상인이 먼저 높은 가격을 부르고 손님에게 흥정할 여지를 줘요. 손님은 보통 30~50% 정도 깎아서 제안하고, 최종적으로는 중간 가격에 합의해요. 흥정할 때는 가볍고 친근하게 하는 것이 효과적이에요.

결제할 때 

Track04-02

① 결제하기

어디에서 계산해요?
짜이 날 푸치엔?
在 哪儿 付钱?
Zài nǎr fùqián?

계산대는 어디에 있나요?
셔우인타이 짜이 날?
收银台 在 哪儿?
Shōuyíntái zài nǎr?

핵심표현 3 
~짜이 날?

카드로 결제할 수 있나요?
커이 슈아 카 마?
可以 刷卡 吗?
Kěyǐ shuā kǎ ma?

핵심표현 1 
커이 ~마?

현금으로	QR코드로	위챗페이로	알리페이로
용 시엔진	**사오마**	**용 웨이신**	**용 즈푸바오**
用 现金	扫码	用 微信	用 支付宝
yòng xiànjīn	sǎomǎ	yòng wēixìn	yòng Zhīfùbǎo

🇨🇳 중국은 기본적으로 거의 모든 매장에서 위챗페이, 알리페이로만 결제할 수 있고, 카드도 거의 이용이 어려우며, 일부 소규모 점포 등에서만 현금으로 결제할 수 있어요.

커이.
돼요.
Kěyǐ.
可以。

뿌 커이.
안 돼요.
Bù kěyǐ.
不 可以。

❷ 결제 후 요청하기

봉투/비닐봉지 하나 주세요.
게이 워 이 거 따이즈/쑤랴오 따이.
给 我 一 个 袋子/塑料 袋。
Gěi wǒ yí ge dàizi/sùliào dài.

큰 봉투 하나 더 주세요.
칭 짜이 게이 워 이 거 따 따이즈.
请 再 给 我 一 个 大 袋子。
Qǐng zài gěi wǒ yí ge dà dàizi.

영수증 주세요.
칭 게이 워 시아오피아오 (셔우쥐).
请 给 我 小 票 （收据）。
Qǐng gěi wǒ xiǎopiào (shōujù).

핵심표현 4
칭 게이 워~

전 이미 결제했어요.
워 이징 푸 치엔 러.
我 已经 付 钱 了。
Wǒ yǐjīng fù qián le.

📷 사진으로 보는 여행 TIP

중국 면세점에서 가장 추천할 만한 품목은 담배와 술이에요. 그 중 한국 관광객에게 인기 있는 중국 술 브랜드를 몇 가지 소개할게요.

① 마오타이(茅台) : 중국 최고급 술, 국빈 연회에도 사용되는 대표 백주

② 우량예(五粮液) : 풍미가 깊고 부드러워 마오타이와 함께 중국 2대 명주로 꼽힘

③ 젠난춘(剑南春) : 쓰촨성 명주, 향이 은은하고 가격은 마오타이·우량예보다 합리적

④ 몽즈란(梦之蓝) : 최근 중국에서 인기가 높은 고급 백주 브랜드, 선물용으로 많이 선택됨

▲영상 보기

Track04-03

 교환 및 환불할 때

❶ 교환하기

이거 교환하고 싶어요.
워 시앙 환 쪄거.
我想换这个。
Wǒ xiǎng huàn zhège.

저는 영수증이 있어요.
워 여우 시아오피아오.
我有小票。
Wǒ yǒu xiǎopiào.

> 🇨🇳 시아오피아오(小票)는 계산할 때 받는 일반적인 영수증이에요.

사이즈가 안 맞아요.
따시아오 뿌 허스.
大小不合适。
Dàxiǎo bù héshì.

이 상품에 문제가 있어요.
쪄거 샹핀 여우 원티.
这个商品有问题。
Zhège shāngpǐn yǒu wèntí.

여기에 구멍/얼룩이 있어요.
쩔 여우 이 거 똥/우쯔.
这儿有一个洞/污渍。
Zhèr yǒu yí ge dòng/wūzì.

색을 잘못 가져오셨어요.
나추어 옌써 러.
拿错颜色了。
nácuò yánsè le.

② 환불하기

환불하고 싶어요.
워 야오 투에이 후어.
我要退货。
Wǒ yào tuì huò.

핵심표현6
워 야오~

현금으로 결제했어요.
워 스 용 시엔진 푸 더.
我是用现金付的。
Wǒ shì yòng xiànjīn fù de.

이 물건이 불량이에요.
쪄거 똥시 여우 원티.
这个东西有问题。
Zhège dōngxi yǒu wèntí.

사용하지 않았어요.
워 메이 용구어.
我没用过。
Wǒ méi yòngguo.

환불 영수증 부탁드려요.
칭 게이 워 투에이쿠안 셔우쮜.
请给我退款收据。
Qǐng gěi wǒ tuìkuǎn shōujù.

핵심표현4
칭 게이 워~

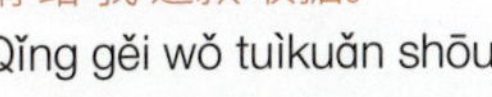 일반적인 거래나 서비스(학원비, 병원비, 수리비 등)에서 손으로 써주거나 별도로 발급해 주는 영수증을 收据라고 하고, 세금계산서(发票)보다는 간단한 증명서예요.

 # 편의점 및 마트에서

Track04-04

❶ 물건 찾기

실례합니다, 커피는 어디에 있나요?
칭원, 카페이 짜이 날?
请问，咖啡 在 哪儿?
Qǐngwèn, kāfēi zài nǎr?

생수  **쾅취엔슈에이** 矿泉水 kuàngquánshuǐ	**우유**  **니우나이** 牛奶 niúnǎi	**콜라**  **크어러** 可乐 kělè
컵라면  **퉁미엔** 桶面 tǒngmiàn	**샌드위치**  **싼밍즈** 三明治 sānmíngzhì	**아이스크림**  **삥치린** 冰淇淋 bīngqílín
초콜릿  **챠오커리** 巧克力 qiǎokèlì	**맥주**  **피지어우** 啤酒 píjiǔ	**휴지**  **즈진** 纸巾 zhǐjīn
칫솔  **야슈아** 牙刷 yáshuā	**치약**  **야까오** 牙膏 yágāo	**면도기**  **티쉬따오** 剃须刀 tìxūdāo

따뜻한 거/차가운 거 있어요?
여우 르어 더/삥 더 마?
有 热 的/冰 的 吗?
Yǒu rè de/bīng de ma?

여우/메이여우.
있어요/없어요.
Yǒu/Méiyǒu.
有/没有。

❷ 요청하기

이거 두 개 주세요.

워 야오 량 거 쪄거.

我要两个这个。

Wǒ yào liǎng ge zhège.

MEIYIJIA(美宜佳, Měiyíjiā) 편의점 F/F상품 추천

소금 양다리 꼬치 구이
옌카오 투에이러우츄안
盐烤 腿肉串
yánkǎo tuǐ ròuchuàn

바삭한 닭 연골 치킨 스틱
추이구 지러우빵
脆骨 鸡肉棒
cuìgǔ jīròubàng

나고야식 가라아게 꼬치
밍구우 탕양츄안
名古屋 唐扬串
mínggǔwū tángyángchuàn

연근 고기 튀김 꼬치
어우허츄안
藕盒串
ǒuhéchuàn

파인애플번
뽀루어빠오
菠萝包
bōluóbāo

어묵탕
꽌똥쥬
关东煮
guāndōngzhǔ

LAWSON(罗森, Luósēn) 편의점 F/F상품 추천

데리야끼 닭다리살 스테이크
쨔오샤오 투에이파이
照烧 腿排
zhàoshāo tuǐpái

데리야끼 닭 연골 완자
쨔오샤오 추이구완
照烧 脆骨丸
zhàoshāo cuìgǔwán

닭다리 모양 아이스크림
지투에이 삥치린
鸡腿 冰淇淋
jītuǐ bīngqílín

치즈 감자 번
즈스 투떠우 빠오
芝士 土豆 包
zhīshì tǔdòu bāo

소스 꽃 소시지
꽈지앙 카이화 시앙챵
挂酱 开花 香肠
guàjiàng kāihuā xiāngcháng

치즈 소고기 말이
즈스 니우러우 쥐엔
芝士 牛肉 卷
zhīshì niúròu juǎn

일회용 **포크/젓가락** 들어 있나요?

리미엔 따이 이츠싱 챠즈/콰이즈 마?

里面 带 一次性 叉子/筷子 吗?

Lǐmiàn dài yícìxìng chāzi/kuàizi ma?

뜨거운 물을 받을 수 있나요?

커이 지에 르어슈에이 마?

可以 接 热水 吗?

Kěyǐ jiē rèshuǐ ma?

사진으로 보는 여행 TIP

중국 편의점에서 자주 접하는 컵라면(桶面)과 떠먹는 요거트(酸奶)에는 한국과 다른 재미 있는 차이가 하나 있어요. 바로 접이식 포크와 숟가락이 함께 들어 있다는 점이에요.

① 컵라면(桶面) :

대부분의 중국 컵라면 안에는 플라스틱 접이식 포크가 들어 있는데요, 중국은 전통적으로 젓가락 문화지만, 길거리, 기차 여행 중에도 간편히 먹을 수 있도록 하기 위함이에요.

② 떠먹는 요거트(酸奶) :

한국에서는 대부분 마시는 액상형이지만, 중국의 요거 트는 걸쭉한 스푼형(老酸奶, 固体酸奶)도 많이 있어 요. 이런 요거트에는 작은 접이식 숟가락이 뚜껑 안쪽 이나 포장 속에 함께 들어 있답니다. 특히 중국 전통 요 거트(도자기, 유리병)에도 플라스틱 숟가락이 동봉되어 있어 바로 떠먹을 수 있어 편리해요.

컵라면이나 떠먹는 요거트 등에 일회용 포크와 숟가락이 들어 있기는 하지만, 장거리 여행 시에는 개인용 휴대 식기를 챙기면 더 위생적이고 편리해요.

그리고, 중국만의 특별한 과자나 음료, 생필품 등을 구입하기에는 마트가 제격이겠죠? 중국 여행 중 시간이 된다면 꼭 한 번 들러 볼 만한 특별한 마트가 있어요.

① 허마시엔성(盒马鲜生) :

허마시엔성(Hema Fresh)은 수산물, 육류, 채소 등 신선 식품이 매장 한가운데에 배치되어 있고, 중국 각 지역의 과일·간식·음료를 한자리에서 만날 수 있어요. 특히, 매장 안에 조리 공간이 있어서 손님이 구입한 해산물이나 고기를 즉석에서 요리해 주어 쇼핑과 식사를 동시에 즐기는 색다른 경험이 가능하답니다. 허마시엔성은 무인 계산대, 스마트 물류 시스템 등 첨단 기술과, 앱으로 주문하면 반경 3km 이내는 30분 내 배달도 가능해 중국 사람들에게 아주 편리한 마트가 되어 가고 있어요.

② 팡동라이(胖东来) :
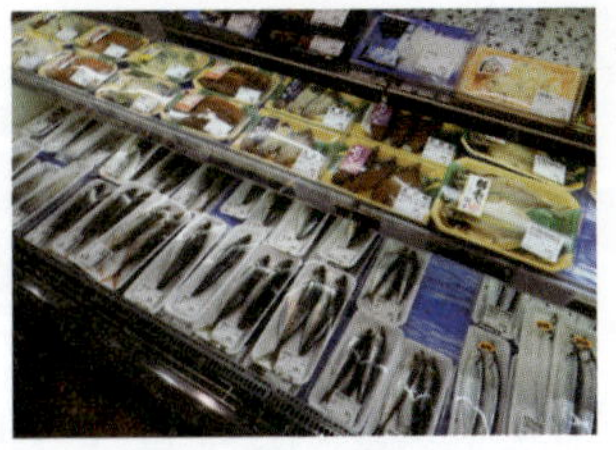
팡동라이(Pangdonglai)는 단순한 쇼핑 공간을 넘어 세심한 고객 서비스와 특별한 체험으로 유명해, 많은 사람들이 일부러 방문할 정도로 인기가 높아요. 우선 매장이 넓고 깨끗하며, 고객을 위한 편안한 휴식 공간이 마련되어 있어요. 화장실은 호텔 수준으로 관리되어 있으며, 휴지·향기·일회용 구강세정제까지 갖추어져 있답니다. 특히 고객의 편의에 신경을 많이 썼는데, 아기용, 반려동물용, 노인용, 소형 카트 등 7종류의 카트를 구비하여 필요에 맞게 선택할 수 있고, 반려동물 보관 서비스, 매장 내 돋보기 비치, 무료 바느질 세트/우산 대여 서비스 등을 하고 있어 남녀노소 누구나 여행 중에 아주 편리하게 마트를 둘러볼 수 있어요. 또한 여름에는 차가운 녹두탕, 겨울에는 따뜻한 생강차를 무료로 제공하고, 과일 코너에서 무료로 껍질을 벗기거나 잘라주는 서비스를 제공하거나 일부 과일은 현장에서 즙을 내어 주스로도 즐길 수 있으니 한 번 구경해봐도 좋겠죠?

전통차 가게에서

Track04-05

❶ 상품 문의하기

녹차 있나요?
여우 뤼챠 마?
有 绿茶 吗?
Yǒu lǜchá ma?

홍차	우롱차	보이차	철관음
홍챠	**우롱챠**	**푸얼챠**	**티에꽌인**
红茶	乌龙茶	普洱茶	铁观音
hóngchá	wūlóngchá	pǔ'ěrchá	tiěguānyīn

제일 인기 있는 차는 뭐예요?
마이 더 쭈이 하오 더 챠 스 션머?
卖 得 最 好 的 茶 是 什么?
mài de zuì hǎo de chá shì shénme?

차를 시음해 볼 수 있나요?
커이 스챠 마?
可以 试茶 吗?
Kěyǐ shìchá ma?

핵심표현1
커이 ~마?

소량 포장이 있나요?
여우 시아오 빠오쥬앙 더 마?
有 小 包装 的 吗?
Yǒu xiǎo bāozhuāng de ma?

이 차는 어디에서 생산되었나요?
쩌 챠 스 나리 챤 더?
这 茶 是 哪里 产 的?
Zhè chá shì nǎli chǎn de?

여우 시앙웨이 농 더 챠 마?

有香味浓的茶吗?

Yǒu xiāngwèi nóng de chá ma?

향이 은은한	입안이 상쾌해지는
시앙웨이 딴 더	루커우 칭슈앙 더
香味淡的	入口清爽的
xiāngwèi dàn de	rùkǒu qīngshuǎng de

꽃향기가 나는	약간 쓴맛이 나는
화시앙 더	여우디엔 쿠웨이 더
花香的	有点苦味的
huāxiāng de	yǒudiǎn kǔwèi de

부드러운	감칠맛이 나는
커우간 러우허 더	후에이깐 더
口感柔和的	回甘的
kǒugǎn róuhé de	huígān de

과일향이 나는	차 향이 오래 남는
꾸어시앙 더	챠 시앙 츠지어우 더
果香的	茶香持久的
guǒxiāng de	chá xiāng chíjiǔ de

❷ 구매 및 포장하기

100g 주세요.

칭 게이 워 이바이 크어.

请给我一百克。

Qǐng gěi wǒ yìbǎi kè.

핵심표현 4

칭 게이 워~

200g	500g	한 근(500g)	1킬로그램
알바이 크어	우바이 크어	이 진	이 꽁진
二百克	五百克	一斤	一公斤
èrbǎi kè	wǔbǎi kè	yì jīn	yì gōngjīn

보통 차를 살 때는 '一斤(500g)' 단위로 많이 구매해요. 다양한 차를 조금씩 사보고 싶어하는 여행객들에겐 적은 양도 판매하기 때문에, '100g'이나 '200g'을 달라고 요청해 보세요.

선물하려고 하는데, 포장해 주실 수 있나요?

워 야오 쏭런, 커이 빠오쥬앙 마?

我要送人，可以包装吗?

Wǒ yào sòngrén, kěyǐ bāozhuāng ma?

핵심표현 6

워 야오~

진공 포장해 주세요.

칭 빵 워 쪈콩 빠오쥬앙.

请帮我真空包装。

Qǐng bāng wǒ zhēnkōng bāozhuāng.

핵심표현 7

칭 빵 워~

📷 사진으로 보는 여행 TIP

상하이 여행에서 뭘 사갈지 고민이라면, 상하이만의 매력을 담은 기념품들을 눈여겨보세요. 선물용으로도 손색없는 인기 기념품을 소개합니다.

▲영상 보기

① LP레코드 드립백 커피(黑胶唱片挂耳咖啡) :
레코드 판 모양의 패키지에 담긴 드립백 커피, 세련되고 개성 있는 선물

② 추리고(秋梨膏) :
전통 배청(배 시럽)으로, 목을 보호하고 감기 예방에 좋다고 알려진 상하이 특산 건강 음료.

③ Scent Library 핸드크림(气味图书馆护手霜) :
독특한 향을 담은 핸드크림 브랜드, 상하이 한정 향기도 있어 젊은 층에게 인기.

④ 팝마트 상하이 한정 피규어(泡泡玛特上海限定) :
중국 토종 인기 블라인드 토이 브랜드 팝마트의 상하이 한정판.

⑤ 상하이 디즈니 한정 굿즈(迪士尼上海限定) :
상하이 디즈니랜드에서만 구매 가능한 한정 캐릭터 상품.

⑥ 옥불사 복고풍 고체 향수(玉佛寺复古香膏) :
상하이 옥불사(玉佛寺)에서 판매하는 불교적 은은한 향과 레트로 감성
이 돋보이는 전통 스타일의 고체 향수

⑦ T9 프리미엄 티(T9 Premium Tea):
전통 차 문화에 현대적 감각을 더한 중국 신흥 티 브랜드, 세련된 패키
지와 창의적인 블렌딩으로 젊은 층에게 인기.

⑧ 상하이 국제호텔 버터플라이 파이(国际饭店的蝴蝶酥) :
상하이 국제호텔(International Hotel)에서 유래한 전통 과자, 바삭한
파이 형태.

⑨ 석고문 황주(石库门黄酒) :
상하이를 대표하는 진한 풍미의 전통 황주(발효곡주).

⑩ 충밍 쌀주(崇明米酒) :
상하이 충밍섬에서 나는 부드럽고 달콤한 쌀술.

여기에 더해 기념품점에서 쓸 수 있는 표현들을 더 익혀두면 쇼핑이 한결 수월해지겠죠?

추리고(배청) 있나요?
여우 치우리까오 마?
有秋梨膏 吗?
Yǒu qiūlígāo ma?

자석 기념품 있나요?
여우 삥시앙 티에 마?
有冰箱贴 吗?
Yǒu bīngxiāng tiē ma?

부채 있나요?
여우 져샨 마?
有折扇 吗?
Yǒu zhéshàn ma?

찻잔 세트 있나요?
여우 챠쮜 마?
有茶具 吗?
Yǒu chájù ma?

이 색상 있어요?
여우 쩌거 옌써 마?
有这个颜色 吗?
Yǒu zhège yánsè ma?

이것을 비행기에 가지고 탈 수 있어요?
쩌거 넝 따이샹 페이지 마?
这个能带上飞机 吗?
Zhège néng dàishang fēijī ma?

 옷 가게에서

Track04-06

① 상품 문의하기

구경할 수 있나요?
커이 칸칸 마?
可以 看看 吗?
Kěyǐ kànkan ma?

핵심표현1

커이 ~마?

여우 시환 더 커이 스 이샤.
마음에 드는 것이 있으면 한번 입어(써) 보세요.
Yǒu xǐhuan de kěyǐ shì yíxià.
有 喜欢 的 可以 试 一下。

탈의실은 어디에 있나요?
스이지엔 짜이 날?
试衣间 在 哪儿?
Shìyījiān zài nǎr?

핵심표현3

~짜이 날?

빨간색 있나요?
여우 훙써 더 마?
有 红色 的 吗?
Yǒu hóngsè de ma?

파란색	검은색	흰색	노란색
란써 더	**헤이써 더**	**바이써 더**	**황써 더**
蓝色 的	黑色 的	白色 的	黄色 的
lánsè de	hēisè de	báisè de	huángsè de

좀 더 작은/큰 사이즈 있나요?
여우 시아오/따 이디엔 더 마?
有 小/大 一点 的 吗?
Yǒu xiǎo/dà yìdiǎn de ma?

有 没有 别的?
Yǒu méiyǒu biéde?

핵심표현 2
여우 메이여우~

새 것	다른 색상	다른 디자인/스타일
신더	삐에더 옌써	삐에더 콴스
新的	別的 颜色	別的 款式
xīnde	biéde yánsè	biéde kuǎnshì

📸 사진으로 보는 여행 TIP

중국의 신발 사이즈는 구 사이즈(旧码) 표기와 신 사이즈(新码) 표기가 있는데, 구 사이즈는 34, 35, 36 처럼 표기해서 유럽(EU) 사이즈와 비슷해요. 신 사이즈는 mm(밀리미터) 단위로 표시해요. 중국에서는 공식적으로 mm 표기를 쓰지만, 일반 사람들은 여전히 구 사이즈에 더 익숙해요.

옷의 경우 한국과 차이가 큰데, 키와 가슴둘레, 체형으로 사이즈를 표기해요. 예를들어, 한국 여성복의 55사이즈는 중국의 160/84A~165/88A 사이즈랑 비슷해요. 160은 키, 84/88은 가슴둘레, A는 체형으로 A는 표준, B는 약간 건장, C는 더 건장함을 나타내요.

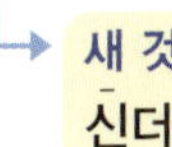
▲영상 보기

신발 사이즈	
CHN	KOR
34	220
35	225
36	230
37	235
38	240
39	245
40	250
41	255
42	260
43	265
44	270
45	275
46	280
47	285
48	290

남자 옷		여자 옷	
한국	중국	한국	중국
90	165/80A	44(85)	155/80A
95	170/84A	55(90)	160/84A
100	175/88A	66(95)	165/88A
105	180/92A	77(100)	170/92A

 팝마트 및 미니소에서

Track04-07

① 팝마트 가기

 말씀 좀 여쭐게요, 라부부 전용 구역은 어디에 있나요?

칭원, 라뿌뿌 쥬안취 짜이 날?

请问，拉布布 专区 在 哪儿?

Qǐngwèn, Lābùbù zhuānqū zài nǎr?

핵심표현3
~짜이 날?

행운이 있나요?

여우 싱윈 마?

有 幸运 吗?

Yǒu Xìngyùn ma?

두유 떠우루 뚜어뚜어 豆乳 哆哆 Dòurǔ duōduō	**토피** 타이페이탕탕 太妃糖糖 Tàifēitángtáng	**초롱초롱** 옌빠바 眼巴巴 Yǎnbābā
부끄부끄 시우따따 羞答答 Xiūdādā	**울먹울먹** 웨이취취 委屈屈 Wěiqūqū	**자아** 뻔워 本我 Běnwǒ
평온 핑징 平静 Píngjìng	**리치베리** 리즈메이메이 荔枝莓莓 Lìzhīméiméi	**소금코코넛** 하이옌예예 海盐椰椰 Hǎiyányēyē
봄에 피는 시아오춘예 小春野 Xiǎochūnyě	**사랑** 아이 爱 Ài	**충성** 쭝청 忠诚 Zhōngchéng

신상품은 뭐가 있나요?

여우 션머 신쿠안?

有 什么 新款?

Yǒu shénme xīnkuǎn?

상하이 한정 있어요?

여우 샹하이 시엔띵 마?

有 上海 限定 吗?

Yǒu Shànghǎi xiàndìng ma?

라부부 랜덤 박스 있나요?

여우 라뿌뿌 망허 마?

有 拉布布 盲盒 吗?

Yǒu Lābùbù mánghé ma?

큰 피규어	작은 피규어	미니 피규어
따와	시아오와	멍리
大娃	小娃	萌粒
dàwá	xiǎowá	ménglì

병 모양 상품	스티커	알파벳 키링
멍핑	티에즈	쯔무 꽈지엔
萌瓶	贴纸	字母 挂件
méngpíng	tiēzhǐ	zìmǔ guàjiàn

세트로 있나요?

여우 쳥타오 더 마?

有 成套 的 吗?

Yǒu chéngtào de ma?

한 세트에 얼마예요?

이타오 뚜어샤오 치엔?

一套 多少 钱?

Yítào duōshao qián?

❷ 미니소 가기

실례합니다, 딸기곰(랏소) 전용 구역은 어디에 있나요?

칭원, 차오메이 시옹 쥬안취 짜이 날?

请问，草莓熊 专区 在 哪儿?

Qǐngwèn, Cǎoméi Xióng zhuānqū zài nǎr?

산리오	해리포터	랜덤 박스
싼리어우	**하리뽀터**	**망흐어**
三丽鸥	哈利波特	盲盒
Sānlìōu	Hālìbōtè	mánghé

뷰티(화장품)	생활용품	봉제 인형
메이쥬앙	**셩후어 용핀**	**마오롱 완취**
美妆	生活 用品	毛绒 玩具
měizhuāng	shēnghuó yòngpǐn	máoróng wánjù

위니(곰돌이 푸) 굿즈 있나요?

여우 웨이니 더 쪄우삐엔 마?

有 维尼 的 周边 吗?

Yǒu Wéiní de zhōubiān ma?

미니언즈	스누피	바비
시아오황런	**스누비**	**빠삐**
小黄人	史努比	芭比
Xiǎohuángrén	Shǐnǔbǐ	Bābǐ

포켓몬	헬로키티	미피
바오커멍	**카이띠마오**	**미페이**
宝可梦	凯蒂猫	米菲
Bǎokěmèng	Kǎidìmāo	Mǐfēi

미니소는 합리적인 가격에 세련된 디자인, 실용적인 생활용품이 많고, 디즈니, 마블, 산리오, 포켓몬, 해리포터 등 다양한 캐릭터 IP 콜라보 제품을 꾸준히 선보이고 있어 구경하는 재미가 있어요. 특히 상하이 난징루 보행가 MINISO LAND 글로벌 1호점은 세계 최대 규모의 플래그십 스토어로, 단순히 쇼핑만 하는 공간이 아니라 체험형·테마형 매장으로 꾸며져 있어 '미니소의 디즈니랜드'라고도 불린답니다.

▲영상 보기

팝마트는 랜덤박스 열풍을 만든 대표 브랜드로, 무엇이 나올지 모르는 랜덤 피규어가 수집욕을 자극해요. 특히 베이징에서는 만리장성 테마, 상하이에서는 와이탄, 동방명주 테마, 청두에서는 판다를 테마로 한 상품 등 해당 도시에서만 살 수 있는 특별 한정판을 팔고 있어 여행 기념품으로 아주 좋아요. 또한, 몽리(萌粒, POP BEAN)는 팝마트가 선보인 작은 콩알 모양의 미니 피규어 시리즈로, 귀여운 디자인과 저렴한 가격 덕분에 큰 인

▲영상 보기

기를 끌고 있어요. 매장에서 정해진 시간 안에 투명한 병에 원하는 만큼 직접 몽리를 담아 구매할 수 있어 게임처럼 재미있고, SNS 인증샷 문화와 결합되어 더욱 화제가 되고 있답니다. 다양한 캐릭터와 표정을 수집하는 재미까지 있으니 중국에 간다면 꼭 한 번 체험해 보세요.

- 몽리 체험
  Step1. 팝마트 매장 내 'POP BEAN' 자판기에서 병을 구입
  Step2. 제한 시간 내에 병에 몽리를 최대한 많이 채우고 채운만큼 결제

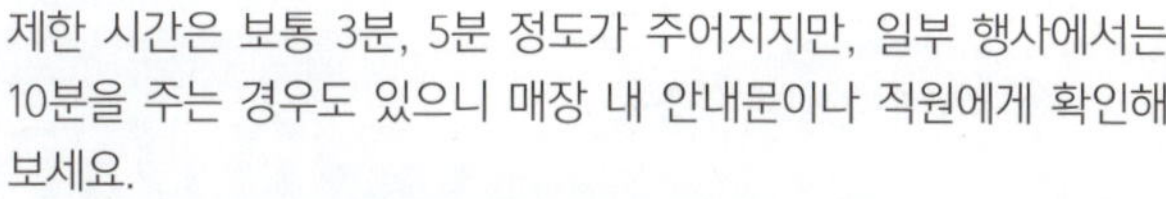

제한 시간은 보통 3분, 5분 정도가 주어지지만, 일부 행사에서는 10분을 주는 경우도 있으니 매장 내 안내문이나 직원에게 확인해 보세요.

제한 시간 10분, 한 사람만 들어갈 수 있어요. 준비! 시작!
시엔스 스 펀즁, 즈 넝 이 거 런 진취, 쥰뻬이! 카이스!
限时 10 分钟，只能 一 个 人 进去。准备! 开始!
Xiànshí shí fēnzhōng, zhǐ néng yí ge rén jìnqu. Zhǔnbèi! kāishǐ!

忱流阁茶坊
茶
沙

관광할 때

상황별 필수 회화
· 티켓 구매 및 물품을 대여할 때
· 이용 문의 및 요청할 때

장소별 핵심 회화
· 박물관에서
· 디즈니랜드에서
· 마사지 가게에서

 티켓 구매 및 물품을 대여할 때

Track05-01

❶ 티켓 구매하기

현장에서 표를 살 수 있나요?
커이 짜이 시엔챵 마이 피아오 마?
可以在现场买票吗?
Kěyǐ zài xiànchǎng mǎi piào ma?

핵심표현1
커이 ~마?

입장료가 얼마예요?
먼피아오 뚜어샤오 치엔?
门票多少钱?
Ménpiào duōshao qián?

어린이/학생 할인 있나요?
여우 알통/쉬에셩 여우후에이 마?
有 儿童/学生 优惠 吗?
Yǒu értóng/xuésheng yōuhuì ma?

입장권 한 장 주세요.
칭 게이 워 이 쟝 먼피아오.
请给我一张门票。
Qǐng gěi wǒ yì zhāng ménpiào.

핵심표현4
칭 게이 워~

성인 두 장, 아이 한 장 주세요.
워 야오 량 쟝 청런 피아오, 이 쟝 알통 피아오.
我要两张成人票,一张儿童票。
Wǒ yào liǎng zhāng chéngrén piào, yì zhāng értóng piào.

핵심표현6
워 야오~

한 장	두 장	세 장	네 장
이 쟝	량 쟝	싼 쟝	쓰 쟝
一张	两张	三张	四张
yì zhāng	liǎng zhāng	sān zhāng	sì zhāng

② 물품 대여하기

유모차 한 대 빌리고 싶어요.

워 시앙 쭈 이 량 퉁츠어.

我 想 租 一 辆 童车。

Wǒ xiǎng zū yí liàng tóngchē.

휠체어 한 대	보조배터리 한 개	머리띠 한 개	옷 한 벌
이 량 룬이	이 거 총띠엔빠오	이 거 파꾸	이 지엔 이푸
一 辆 轮椅	一 个 充电宝	一 个 发箍	一 件 衣服
yí liàng lúnyǐ	yí ge chōngdiànbǎo	yí ge fàgū	yī jiàn yīfu

하루에 얼마예요?

이티엔 뚜어샤오 치엔?

一天 多少 钱?

Yìtiān duōshao qián?

보증금은 있나요?

여우 야진 마?

有 押金 吗?

Yǒu yājīn ma?

어디서 반납하나요?

짜이 날 꾸이후안?

在 哪儿 归还?

Zài nǎr guīhuán?

📷 사진으로 보는 여행 TIP

중국 대부분의 관광지는 나이와 신장 두 가지를 기준으로 아동 요금을 받아요. 각 관광지 규정에 따라 조금씩 차이는 있지만, 보통은 신장 1.2m 이하 또는 만 6세 이하 아동은 무료, 신장 1.2m~1.5m 사이 또는 만 6세~14세 아동은 반값이에요.

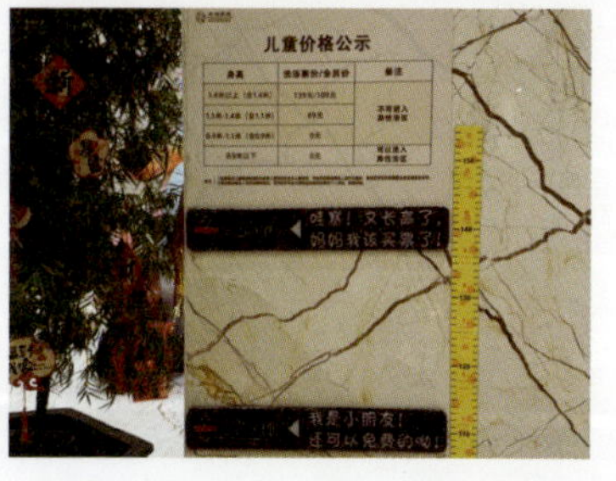

 이용 문의 및 요청할 때

Track05-02

① 이용 문의하기

몇 시에 문을 닫나요?
지 디엔 꽌먼?
几点关门?
Jǐ diǎn guānmén?

영화는 예약이 필요한가요?
띠엔잉 쉬야오 위위에 마?
电影 需要 预约 吗?
Diànyǐng xūyào yùyuē ma?

강좌	체험 활동
커청	티엔 후어뚱
课程	体验 活动
kèchéng	tǐyàn huódòng

화장실이 어디에 있나요?
시셔우지엔(웨이성지엔) 짜이 날?
洗手间(卫生间) 在 哪儿?
Xǐshǒujiān (Wèishēngjiān) zài nǎr?

핵심표현3

~짜이 날?

출구	매점
츄커우	시아오마이뿌
出口	小卖部
chūkǒu	xiǎomàibù

기념품 가게	짐 보관소
지니엔핀 샹띠엔	싱리 지춘츄
纪念品 商店	行李 寄存处
jìniànpǐn shāngdiàn	xíngli jìcúnchù

안내 데스크	분실물 센터
푸우타이	스우 쨔오링츄
服务台	失物 招领处
fúwùtái	shīwù zhāolǐngchù

한국어 안내문이 있나요?

여우 한위 지에샤오 마?

有 韩语 介绍 吗?

Yǒu Hányǔ jièshào ma?

2 각종 요청하기

사진 한 장 찍어 주시겠어요?

넝 빵 워 파이 쟝 쨔오 마?

能 帮 我 拍 张 照 吗?

Néng bāng wǒ pāi zhāng zhào ma?

한 장 더 찍어 주세요.

칭 짜이 빵 워 파이 이 쟝.

请 再 帮 我 拍 一 张。

Qǐng zài bāng wǒ pāi yì zhāng.

말씀 좀 여쭐게요, 영어 가능하세요?

칭원, 닌 후에이 슈어 잉위 마?

请问, 您 会 说 英语 吗?

Qǐngwèn, nín huì shuō Yīngyǔ ma?

핵심표현 8
칭원~

📷 **사진으로 보는 여행 TIP**

중국 여행을 계획할 때는 중국의 주요 연휴 기간을 피하는 것이 좋아요. 특히 노동절(5월 1일 전후), 국경절(10월 1일 전후), 춘절(설날)에는 중국인들의 대규모 여행으로 교통과 관광지가 매우 혼잡해요. 또한 겨울방학과 여름방학 기간도 국내 여행 성수기이므로 이 시기를 피하면 보다 여유롭고 편안하게 여행할 수 있어요.

중국의 주요 관광지 입장권은 트립닷컴에서 미리 구매할 수 있어요. 또한 美团(메이투안), 去哪儿(취날), 飞猪(페이주)와 같은 중국 현지 여행 앱을 이용하면 더 저렴한 가격으로 예매할 수 있는 경우가 많아요. 구매 후에는 보통 QR코드를 받아 현장에서 스캔하면 바로 입장할 수 있어요.

▲영상 보기

 박물관에서

❶ 티켓 구매 및 교환하기

인터넷으로/앱으로 예약했어요.
워 스 짜이 왕샹/시아오청쉬 샹 위띵 더.
我是在网上/小程序上预订的。
Wǒ shì zài wǎngshàng/xiǎochéngxù shàng yùdìng de.

저는 메이투안에서/트립닷컴(씨트립)에서 예약했습니다.
워 스 짜이 메이투안 샹/시에청 샹 위위에 더.
我是在美团上/携程上预约的。
Wǒ shì zài Měituán shàng/Xiéchéng shàng yùyuē de.

온라인 예매 티켓을 교환하고 싶어요.
워 시앙 뚜에이환 왕샹 위띵 더 피아오.
我想兑换网上预订的票。
Wǒ xiǎng duìhuàn wǎngshàng yùdìng de piào.

예약 확인증을 보여드릴게요.
워 게이 닌 칸 위띵딴.
我给您看预订单。
Wǒ gěi nín kàn yùdìngdān.

❷ 박물관 관람하기

사진 찍을 수 있나요?
커이 파이 쨔오 마?
可以拍照吗?
Kěyǐ pāi zhào ma?

영어/한국어 안내원이 있나요?

여우 잉위/한위 지앙지에위엔 마?

有 英语/韩语 讲解员 吗?

Yǒu Yīngyǔ/Hányǔ jiǎngjiěyuán ma?

오디오 가이드 있나요?

여우 위인 지앙지에치 마?

有 语音 讲解器 吗?

Yǒu yǔyīn jiǎngjiěqì ma?

이 전시실로 가려면 어떻게 가야 하나요?

취 쪄거 짠팅 쩐머 저우?

去 这个 展厅 怎么 走?

Qù zhège zhǎntīng zěnme zǒu?

이건 무슨 뜻이에요?

쪄 스 션머 이스?

这 是 什么 意思?

Zhè shì shénme yìsi?

조금만 목소리를 낮춰 주시겠어요?

칭 닌 시아오 셩 이디엔, 하오 마?

请 您 小声 一点, 好 吗?

Qǐng nín xiǎo shēng yìdiǎn, hǎo ma?

✨ 📷 사진으로 보는 여행 TIP

최근 중국의 주요 박물관과 관광지는 '사전 예약(预约)' 제도를 운영하고 있어 예약 없이는 입장을 할 수 없는 경우가 많아요. 특히 천안문 같은 대표 관광지는 위챗(Wechat) 미니프로그램으로 예약해야만 입장할 수 있어요. 예약은 위챗(Wechat) 미니프로그램으로 최소 하루 전에 하는 것이 안전하고, 당일 예약은 안 될 수 있어요. 예약할 때 외국인은 반드시 여권 번호로 예약하고, 입장 시 여권을 제시해야 하기 때문에 여권 챙기는 것 잊지 마세요!

▲영상 보기

 디즈니랜드에서

Track05-04

① 티켓 구입 및 입장하기

표는 어디서 사나요?
먼피아오 짜이 날 마이?
门票 在 哪儿 买?
Ménpiào zài nǎr mǎi?

성인 2명 아동 1명 가족 티켓 한 장 주세요.
워 야오 이 쟝 량 따 이 시아오 더 친즈피아오.
我要一张两大一小的亲子票。
Wǒ yào yì zhāng liǎng dà yì xiǎo de qīnzǐpiào.

핵심표현 6

워 야오~

표준 입장권
삐아오쥰 먼피아오
标准 门票
biāozhǔn ménpiào

추가 서비스 티켓
푸지아 푸우피아오
附加 服务票
fùjiā fúwùpiào

칭 츄스 후쟈오.
여권을 제시해 주세요.
Qǐng chūshì hùzhào.
请 出示 护照。

🇨🇳 만약 인터넷으로 예매한 표라면, 직원이 여권을 스캔한 후 종이 티켓을 출력해 줘요.

말씀 좀 여쭐게요, 얼리 엔트리(조기 입장) 입구는 어디인가요?
칭원, 자오시양 카 루커우 짜이 나리?
请问，早享卡入口在哪里?
Qǐngwèn, zǎoxiǎng kǎ rùkǒu zài nǎli?

핵심표현 8

칭원~

짜이 나삐엔.
저쪽에 있습니다.
Zài nàbiān.
在 那边。

칭 따카이 빠오 지엔챠.
가방을 열어서 검사해 주세요.
Qǐng dǎkāi bāo jiǎnchá.
请打开包检查。

쪄거 쯔파이깐 뿌 넝 따이 진취.
이 셀카봉은 가지고 들어갈 수 없습니다.
Zhège zìpāigān bù néng dài jìnqu.
这个自拍杆不能带进去。

그럼 어떻게 해야 하나요?
나 쩐머 빤?
那怎么办?
Nà zěnme bàn?

커이 따오 나삐엔 지춘.
저쪽에 맡기실 수 있습니다.
Kěyǐ dào nàbiān jìcún.
可以到那边寄存。

디즈니랜드 입장 전에 안전 검사를 해야 하는데요, 안전 검사가 매우 엄격해서 아래 물건들은 가지고 들어갈 수 없어요. 입구 옆에 있는 무인 보관함에 보관해야 하는데 큰 사이즈 락카 80위안/day, 중간 사이즈 락카 60위안/day예요.

- 상하이 디즈니랜드 반입 금지 물품
  - 가열·재가열·조리·보관이 필요한 음식, 자극적인 냄새의 음식
  - 인화성·폭발성 물품, 칼, 무기 및 모형/장난감 총(물총 포함)
  - 주류
  - 캔, 유리 용기(영유아용 소형 용기 제외)
  - 크기 56cm×36cm×23cm 이상의 캐리어 및 대형 수하물
  - 바퀴 달린 장난감, 연, 드론, 무선 조종 비행기 등 원격 조종 장치
  - 안전에 위협이 되거나 공원 운영을 방해할 수 있는 행동 및 장비(삼각대, 셀카봉, 짐벌, 조명 장비 등 포함)
  - 휴대용 의자, 접이식 의자, 스툴

상하이 디즈니랜드 입장권

종류	분류	표 종류	특징
표준 입장권	단일/이틀권	일반일 입장권	비교적 저렴하지만, 줄 서는 인원도 많음
		성수일 입장권	가격이 많이 오르고, 인원도 많음
얼리버드 티켓	단일	입장권	표준 티켓보다 10% 저렴, 최소 10일 전에 구매해야 함
가족 티켓	1성인＋1어린이 2성인＋1어린이	입장권	개별 구매보다 107위안 절약
추가 서비스 티켓	얼리 엔트리 카드 (早享卡)	입장권 불포함	먼저 입장, 최대 1시간 일찍 입장 가능
	우선 입장 카드 (尊享卡)	입장권 불포함	인기 어트랙션 패스트 트랙 인기 명소 우선 입장
	VIP 서비스 (礼宾服务)	입장권 불포함	빠른 입장, 인기 어트랙션 패스트 트랙, 전용 불꽃놀이 좌석
	VIP 가이드 투어 (尊享导览)	입장권 불포함	빠른 입장, VIP 전용 통로 이용, 공연/전시 관람, 전용 불꽃놀이 좌석 및 가이드 서비스
	33VIP	입장권 포함	전용 줄서기 없는 입장, 개인 맞춤 1:1 가이드, 전문 투어 계획, 8개/14개 어트랙션 패스트 트랙, 줄서기 면제, 전용 불꽃놀이 좌석 및 차량, 캐릭터와의 상호작용 가능

 **② 위치 묻기**

입구는 어디에 있나요?
루커우 짜이 날?
入口 在 哪儿?
Rùkǒu zài nǎr?

화장실
시셔우지엔
洗手间
xǐshǒujiān

서비스 센터
푸우 즁신
服务 中心
fúwù zhōngxīn

유모차(휠체어) 대여소
쭈쳐디엔
租车点
zūchēdiǎn

보관소
지춘츄
寄存处
jìcúnchù

프리미어 액세스
콰이쑤 퉁따오
快速 通道
Kuàisù Tōngdào

Stargazer Grill
씽루타이 찬팅
星露台 餐厅
Xīnglùtái Cāntīng

주토피아 어드벤처
펑쿠앙 똥우 청
疯狂 动物 城
Fēngkuáng Dòngwù Chéng

트론 라이트 사이클 파워런
촹 지쑤 꽝룬
创 极速 光轮
Chuàng Jísù Guānglún

캐리비안의 해적
지아러비 하이따오
加勒比 海盗
Jiālèbǐ Hǎidào

렉스 레이서
빠오바오롱 츙티엔 싸이쳐
抱抱龙 冲天 赛车
Bàobàolóng Chōngtiān Sàichē

이상한 나라의 앨리스
아이리쓰 멍여우 시엔찡
爱丽丝 梦游 仙境
Àilìsī Mèngyóu Xiānjìng

미키의 스토리북 어드벤처
미치 퉁화 슈
米奇 童话 书
Mǐqí Tónghuà Shū

❸ 공연 관람하기

언제 퍼레이드가 시작하나요?
쉰여우 셔머 스허우 카이스?
巡游 什么 时候 开始?
Xúnyóu shénme shíhou kāishǐ?

오늘 불꽃놀이 쇼는 몇 시부터 몇 시까지예요?
진티엔 더 옌화 시어우 총 지 디엔 따오 지 디엔?
今天 的 烟花 秀 从 几点 到 几点?
Jīntiān de yānhuā xiù cóng jǐ diǎn dào jǐ diǎn?

극장/공연하는 곳은 어디에 있나요?
쥐챵/비아오옌 챵띠 짜이 날?
剧场/表演 场地 在 哪儿?
Jùchǎng/Biǎoyǎn chǎngdì zài nǎr?

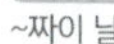
이 공연은 예약이 필요한가요?
쪄거 옌추 쉬야오 위위에 마?
这个 演出 需要 预约 吗?
Zhège yǎnchū xūyào yùyuē ma?

❹ 놀이기구 타기

대기 시간이 얼마나 되나요?
야오 떵 뚜어지어우?
要 等 多久?
Yào děng duōjiǔ?

이 어트랙션은 프리미어 액세스를 이용할 수 있나요?
쪄거 시앙무 커이 저우 콰이쑤 통따오 마?
这个 项目 可以 走 快速 通道 吗?
Zhège xiàngmù kěyǐ zǒu Kuàisù Tōngdào ma?

이 놀이기구는 몇 시에 시작하나요?
쪄거 시앙무 지 디엔 카이스?
这个 项目 几点 开始?
Zhège xiàngmù jǐ diǎn kāishǐ?

얼마나 키가 커야 탈 수 있나요?
뚜어까오 이상 커이 왈?
多高 以上 可以 玩儿?
Duōgāo yǐshàng kěyǐ wánr?

션까오 이바이 알스 리미 훠 이상.
키 120cm 이상이요.
Shēngāo yìbǎi èrshí límǐ huò yǐshàng.
身高 一百 二十 厘米 或 以上。

알통 쉬야오 여우 스리우쑤이 이상 더 따런 페이통.
어린이는 16세 이상의 보호자 동반이 필요합니다.
Értóng xūyào yóu shíliù suì yǐshàng de dàrén péitóng.
儿童 需要 由 16岁 以上 的 大人 陪同。

수어여우 통싱 런위엔 쉬 이통 파이뚜에이.
탑승하실 분들은 모두 함께 줄을 서야 합니다.
Suǒyǒu tóngxíng rényuán xū yìtóng páiduì.
所有 同行 人员 须 一同 排队。

수이션 우핀 투어샨 바오관.
휴대품은 잘 보관하세요.
Suíshēn wùpǐn tuǒshàn bǎoguǎn.
随身 物品 妥善 保管。

윈푸 뿌이 청쭈어.
임산부는 탑승을 권장하지 않습니다.
Yùnfù bùyí chéngzuò.
孕妇 不宜 乘坐。

이건 얼마예요?

쪄거 뚜어샤오 치엔?

这个 多少 钱?

Zhège duōshao qián?

다른 색/사이즈 있나요?

여우 비에더 옌써/따시아오 마?

有 别的 颜色/大小 吗?

Yǒu biéde yánsè/dàxiǎo ma?

선물용이에요.

스 쏭런 더.

是 送人 的。

Shì sòngrén de.

새 제품으로 주세요.

칭 게이 워 신 더.

请 给 我 新 的。

Qǐng gěi wǒ xīn de.

영수증 주세요.

칭 게이 워 시아오피아오.

请 给 我 小票。

Qǐng gěi wǒ xiǎopiào.

사진 찍을 수 있나요?

커이 파이 쟈오 마?

可以 拍照 吗?

Kěyǐ pāi zhào ma?

상하이의 디즈니랜드 외에 2021년에 오픈한 베이징의 유니버설 스튜디오(北京环球影城, Universal Beijing Resort)도 인기예요. 베이징 유니버설 스튜디오는 전 세계 유니버설 스튜디오 중에 가장 크고 최신 시설을 갖추었어요.

• 주요 테마 존 (7개 구역)

① 해리포터 마법 세계(哈利·波特的魔法世界) :
호그와트 성, 호그스미드 마을 컨셉으로 Forbidden Journey, Flight of the Hippogriff 어트랙션이 인기

② 트랜스포머 베이스(变形金刚基地) :
미래 도시 스타일, 'N.E.S.T.' 본부 컨셉으로 Transformers: Battle for the AllSpark 어트랙션이 인기

③ 쥬라기 월드 – 누블라 섬(侏罗纪世界努布拉岛) :
공룡 테마의 정글 컨셉으로 거대한 T-Rex가 전시되어 있고 Jurassic World Adventure 어트랙션이 인기

④ 쿵푸팬더 랜드(功夫熊猫盖世之地) :
중국풍 실내 테마 컨셉으로 애니메이션 속 장면 재현해 놓아 가족·아이 친화형 어트랙션이 다수

⑤ 미니언 랜드(小黄人乐园) :
인기 캐릭터인 미니언을 테마로한 밝고 유쾌한 분위기. Minion Mayhem 어트랙션이 인기

⑥ 할리우드(好莱坞) :
영화 제작 현장을 체험해볼 수 있고, 거리 퍼레이드가 인기

⑦ 워터월드(未来水世界) :
헐리우드 영화 기반의 실감나는 스턴트쇼를 볼 수 있는 곳

베이징의 유니버설 스튜디오에 입장하려면 사전 예약이 필수이며, 앱을 활용하면 대기 시간 조회와 모바일 티켓, 지도 기능을 이용할 수 있어요. 워낙에 크기 때문에 최소 하루 종일 놀거나 성수기에는 2일 코스도 추천해요. 아이와 함께 갈 때는 아동 우대 요금과 키 제한 어트랙션이 있으니 미리 확인하세요.

 # 마사지 가게에서

Track05-05

① 마사지 받기

발 마사지를 받고 싶어요.

워 시앙 쭈어 주리아오.

我 想 做 足疗。

Wǒ xiǎng zuò zúliáo.

발 마사지 **주따오** 足道 zúdào	**족욕** **주위** 足浴 zúyù
아로마 오일 마사지 **징여우 안모어** 精油 按摩 jīngyóu ànmó	**전신 마사지** **취엔션 안모어** 全身 按摩 quánshēn ànmó
중국식 추나 요법 **즁스 투이나** 中式 推拿 zhōngshì tuīná	**전신 안마 지압** **즈야** 指压 zhǐyā

80분짜리로 해주세요.

야오 빠스 펀즁 더.

要 80 分钟 的。

Yào bāshí fēnzhōng de.

남자 마사지사/여자 마사지사를 원해요.

워 시앙 야오 난 지스/뉘 지스.

我 想 要 男 技师/女 技师。

Wǒ xiǎng yào nán jìshī/nǔ jìshī.

> 🇨🇳 마시지해 주는 직원을 지정하지 않은 경우엔 이성 직원이 와서 해 주므로, 동성 직원을 원하면 따로 지정해야 해요.

여우 후에이 슈어 한위 더 런 마?

有会说韩语的人吗?

Yǒu huì shuō Hányǔ de rén ma?

커이 마?

괜찮으세요?

Kěyǐ ma?

可以 吗?

커이.

可以。

Kěyǐ.

🇨🇳 힘을 주는 정도 뿐만 아니라 오일의 향이나 발 마사지용 물의 온도가 괜찮은지 물을 때도 커이 마?(可以 吗?)라고 물어봐요. 괜찮으면 대답은 전부 커이(可以) 라고 하면 돼요.

짜이 안 이샤 쩌리.

再 按 一下 这里。

Zài àn yíxià zhèlǐ.

어깨	허리	등
지엔방	**야오**	**뻬이**
肩膀	腰	背
jiānbǎng	yāo	bèi

여우디알 칭.

有点儿 轻。

Yǒudiǎnr qīng.

세요	뜨거워요	차가워요
쯍	**르어**	**리앙**
重	热	凉
zhòng	rè	liáng

新特药商店
OTC
中成
颈康胶囊
六味地黄丸
六味地黄丸
参茸补肾片
天麻胶囊
天麻胶囊
七鞭回春乐胶囊
央立消胶囊
温胃舒胶囊
正肠胶囊
肠胃宁片
穿心莲片
OTC
处方药

긴급할 때
SOS

상황별 필수 회화

· 긴급 상황이 발생했을 때
· 불심검문을 당했을 때

장소별 핵심 회화

· 경찰서 및 분실물 센터에서
· 병원에서
· 약국에서

 긴급 상황이 발생했을 때

Track06-01

❶ 도움 요청하기

도와주세요! 길을 잃었어요.
칭 빵방 워! 워 미루 러.
请 帮帮 我!我 迷路 了。
Qǐng bāngbang wǒ! Wǒ mílù le.

살려주세요!
찌우밍 아!
救命 啊!
Jiùmìng a!

경찰에 신고해 주세요!
칭 빵 워 빠오 징!
请 帮 我 报警!
Qǐng bāng wǒ bào jǐng!

핵심표현7

칭 빵 워~

구급차를 불러 주세요!
칭 찌아오 찌우후쳐!
请 叫 救护车!
Qǐng jiào jiùhùchē!

빨리 도망쳐요!
콰이 파오!
快 跑!
Kuài pǎo!

불이야!
쟈오 후어 러!
着 火 了!
Zháo huǒ le!

쪄리 헌 웨이시엔!

这里很危险!

Zhèli hěn wēixiǎn!

칭 껀 워 라이!

请跟我来!

Qǐng gēn wǒ lái!

📷 사진으로 보는 여행 TIP

외교부에서는 해외 체류 중 사건·사고 또는 긴급 상황 시 의사소통이 어려운 경우 현지 관계자와 동석 중일 때 통역을 지원하고 있어요.

① 경찰서 : 체포, 구금, 도난, 분실, 실종, 폭행 등으로 의사소통이 필요한 경우

② 출입국 : 입·출국 심사 지연 및 그 외 문제로 의사소통이 필요한 경우

③ 공항 및 교통 등 : 탑승, 고립 등 이동을 하기 위한 의사소통이 필요한 경우

④ 병원 : 해외 체류 중 질병, 사고에 따른 진료로 의사소통이 필요한 경우

⑤ 숙소 : 여행 중 호텔 등 숙소에서 분쟁 등의 문제로 의사소통이 필요한 경우

※ 영사콜센터 전화번호: +82 2 3210 0404(무료 전화 앱 서비스 지원)

또한, 여행 중 혹시 모를 상황에 대비해 긴급전화번호도 꼭 기억해 두세요.

경찰 : 110　　　구급 : 120　　　소방 : 119　　　교통사고 : 122

정부 민원·도시 종합서비스 : 12345　　　중국 외교부 영사 보호 및 해외 여행자 핫라인 : 12308

🚨 불심검문을 당했을 때

Track06-02

① 신원 밝히기

> 칭 츄스 이샤 션펀쩡/후쨔오.
> **신분증/여권** 좀 보여 주세요.
> Qǐng chūshì yíxià shēnfènzhèng/hùzhào.
> 请 出示 一下 身份证/护照。

무슨 일이세요?
션머 셜?
什么 事儿?
shénme shìr?

이것은 제 여권입니다.
쪄 스 워 더 후쨔오.
这 是 我 的 护照。
Zhè shì wǒ de hùzhào.

저는 관광객입니다.
워 스 여우크어.
我 是 游客。
Wǒ shì yóukè.

저는 베이징 호텔에 묵고 있습니다.
워 쮸짜이 베이징 판띠엔.
我 住在 北京 饭店。
Wǒ zhùzài Běijīng fàndiàn.

제 전화번호는 010 - 222 - 3333입니다.
워 더 띠엔화 하오마 스 링 야오 링 - 알 알 알 - 싼 싼 싼 싼.
我 的 电话 号码 是 010 - 222 - 3333。
Wǒ de diànhuà hàomǎ shì líng yāo líng èr èr èr sān sān sān sān.

못 알아듣겠어요.
팅 부 둥.
听 不 懂。
Tīng bu dǒng.

통역이 필요합니다.
워 쉬야오 판이.
我 需要 翻译。
Wǒ xūyào fānyi.

좀 천천히 말해 주시겠어요?
니 넝 슈어 만 디엔 마?
你 能 说 慢 点 吗?
Nǐ néng shuō màn diǎn ma?

📷 사진으로 보는 여행 TIP

중국 여행 중 긴급 상황이 발생했을 때 상황별로 어떤
치안 담당자 및 부서의 도움을 받아야 할까요?

① 보안요원(保安) : 건물·호텔·지하철의 보안 담당
                          (법적 권한 없음)

② 교통경찰(交警) : 교통사고, 택시 문제 담당

③ 공항/기차역 경찰 사무실 : 분실물, 출입국 문제 담당

④ 파출소(派出所) : 여권 분실, 신고 증명, 분쟁 처리 담당

긴급 상황이 발생하면 가장 먼저 110에 전화하고, 파출소/경찰 사무실에 방문해 여권이나
호텔 정보를 제시해요. 무엇보다 침착하고 정중하게 대응하는 것이 중요해요.

# 경찰서 및 분실물 센터에서

Track06-03

① 분실물 신고하기

지갑을 잃어버렸어요.
워 더 치엔빠오 띠우 러.
我 的 钱包 丢 了。
Wǒ de qiánbāo diū le.

가방

빠오
包
bāo

여권

후쨔오
护照
hùzhào

휴대폰

셔우지
手机
shǒujī

신분증

션펀쩡
身份证
shēnfènzhèng

제 휴대폰을 도난당했어요.
워 더 셔우지 뻬이 터우 러.
我 的 手机 被 偷 了。
Wǒ de shǒujī bèi tōu le.

여행 가방
뤼싱시앙
旅行箱
lǚxíngxiāng

힙쌕/허리쌕
야오빠오
腰包
yāobāo

핸드백
셔우티빠오
手提包
shǒutíbāo

서류 가방
꽁원빠오
公文包
gōngwénbāo

크로스백
시에콰빠오
斜挎包
xiékuàbāo

카드지갑
카빠오
卡包
kǎbāo

신고하고 싶어요.
워 시앙 빠오 안.
我 想 报案。
Wǒ xiǎng bào àn.

찾아봐 주실 수 있을까요?
니 넝 빵 워 쟈오 이샤 마?
你 能 帮 我 找 一下 吗?
Nǐ néng bāng wǒ zhǎo yíxià ma?

강도를 당했어요.
워 뻬이 치앙지에 러.
我 被 抢劫 了。
Wǒ bèi qiǎngjié le.

닌 스 션머 스허우, 짜이 나리 띠우 더?
언제, 어디에서 잃어버리셨나요?
Nín shì shénme shíhou, zài nǎli diū de?
您 是 什么 时候, 在 哪里 丢 的?

(방문했던 장소의 사진이나 지도를 보여주며) 여기에서요!
짜이 쪄리!
在 这里!
Zài zhèli!

통역이 필요합니다.
워 쉬야오 판이.
我 需要 翻译。
Wǒ xūyào fānyi.

CCTV를 확인할 수 있나요?
커이 칸 이샤 지엔콩 루시앙 마?
可以 看 一下 监控 录像 吗?
Kěyǐ kàn yíxià jiānkòng lùxiàng ma?

핵심표현1
커이 ~마?

한국 대사관에 연락하고 싶습니다.
워 시앙 리엔시 한구어 따스관.
我 想 联系 韩国 大使馆。
Wǒ xiǎng liánxì Hánguó dàshǐguǎn.

 # 병원에서

Track06-04

① 방문하기

말씀 좀 여쭐게요, 응급실이 어디인가요?

칭원, 지젼스 짜이 나리?

请问，急诊室 在 哪里?

Qǐngwèn, jízhěnshì zài nǎli?

> 🇨🇳 병원 진료를 받을 때는 여권을 반드시 지참해야 해요. 대도시에서는 3차 병원 (三甲医院)이나 국제 진료소를 우선 이용하고, 응급 상황에서는 바로 응급실로 가면 돼요.

어디서 접수하나요?

짜이 나리 꽈하오?

在 哪里 挂号?

Zài nǎli guàhào?

지금 의사 선생님을 볼 수 있나요?

워 시엔짜이 커이 찌엔 이셩 마?

我 现在 可以 见 医生 吗?

Wǒ xiànzài kěyǐ jiàn yīshēng ma?

영어/한국어 가능한 의사가 있나요?

여우 메이여우 후에이 슈어 잉위/한위 더 이셩?

有 没有 会 说 英语/韩语 的 医生?

Yǒu méiyǒu huì shuō Yīngyǔ/Hányǔ de yīshēng?

❷ 증상 말하기

여기 아파요.
워 쪄리 통.
我 这里 痛。
Wǒ zhèli tòng.

배	머리	팔	다리	발
뚜즈	터우	끄어보	투에이	지아오
肚子	头	胳膊	腿	脚
dùzi	tóu	gēbo	tuǐ	jiǎo

설사해요.
워 라 뚜즈.
我 拉 肚子。
Wǒ lā dùzi.

열이 있어요	어지러워요	눈에 염증이 생겼어요
파샤오	터우윈	옌징 파옌 러
发烧	头晕	眼睛 发炎 了
fāshāo	tóuyūn	yǎnjing fāyán le
뱀에 물렸어요	**숨쉬기 힘들어요**	**토할 것 같아요**
뻬이 셔 야오 러	후시 쿤난	이즈 시앙 투
被蛇咬了	呼吸 困难	一直 想吐
bèi shé yǎo le	hūxī kùnnan	yìzhí xiǎng tù
위가 아파요	**발을 삐었어요**	**다리가 저려요**
웨이텅	지아오 니우샹 러	투에이 마 러
胃疼	脚 扭伤 了	腿 麻 了
wèiténg	jiǎo niǔshāng le	tuǐ má le

저는 복숭아 알레르기가 있어요.
워 뚜에이 타오즈 꾸어민.
我 对 桃子 过敏。
Wǒ duì táozi guòmǐn.

땅콩	우유	계란	갑각류
화셩	니우나이	지딴	지아치아오레이
花生	牛奶	鸡蛋	甲壳类
huāshēng	niúnǎi	jīdàn	jiǎqiàolèi

약국에서

Track06-05

① 약 요청하기

진통제 있나요?

여우 즈통야오 마?

有 止痛药 吗?

Yǒu zhǐtòngyào ma?

해열제	감기약	소화제
투에이샤오야오	**간마오야오**	**시아오화야오**
退烧药	感冒药	消化药
tuìshāoyào	gǎnmàoyào	xiāohuàyào

지사제	알레르기약	멀미약
즈시에야오	**꾸어민야오**	**윈쳐야오**
止泻药	过敏药	晕车药
zhǐxièyào	guòmǐnyào	yùnchēyào

진상즈(목캔디)	백화유(물파스)	장골 사향 파스(붙이는 파스)
진 상즈 허우피엔	**바이화여우**	**쮸앙구 셔시앙 즈통 까오**
金 嗓子 喉片	白花油	壮骨 麝香 止痛 膏
Jīn Sǎngzi Hóupiàn	Báihuāyóu	Zhuànggǔ Shèxiāng Zhǐtòng Gāo

반창고가 필요해요.

워 쉬야오 츄앙커티에.

我 需要 创可贴。

Wǒ xūyào chuāngkětiē.

파스	소독용 알코올	화상 연고
까오야오	**지우징**	**탕샹야오**
膏药	酒精	烫伤药
gāoyào	jiǔjīng	tàngshāngyào

고혈압/당뇨병이 있어요.

워 여우 까오쉬에야/탕니아오삥.

我 有 高血压/糖尿病。

Wǒ yǒu gāoxuèyā/tángniàobìng.

❷ 복용 방법 듣기

하루에 몇 번 먹나요?
이 티엔 츠 지 츠?
一天吃几次?
Yì tiān chī jǐ cì?

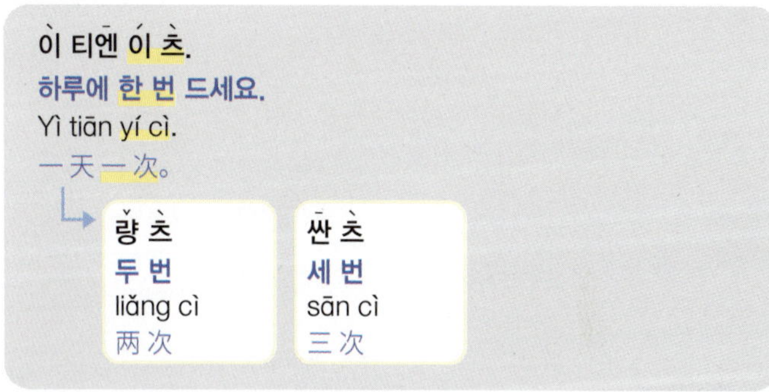

이 티엔 이 츠.
하루에 한 번 드세요.
Yì tiān yí cì.
一天一次。

량 츠	싼 츠
두 번	세 번
liǎng cì	sān cì
两次	三次

한 번에 몇 알 먹나요?
이 츠 츠 지 리?
一次吃几粒?
Yí cì chī jǐ lì?

이 츠 이 리.
한 번에 한 알 드세요.
Yí cì yí lì.
一次一粒。

량 리	싼 리
두 알	세 알
liǎng lì	sān lì
两粒	三粒

판치엔/판허우 츠 바.
식전/식후에 드세요.
Fànqián/Fànhòu chī ba.
饭前/饭后 吃 吧。

부록 

- 지역별 인기 명소&맛집
- 여행 필수 기초 단어
- 필요할 때 바로 찾는 상황별 단어 모음

1 상하이

1) 인기 명소 5선

상하이는 와이탄, 난징루 같은 전통적인 관광지 외에도 최근 몇 년 사이 새로운 명소와 트렌디한 레스토랑이 계속 생겨나고 있습니다. 한국인 여행객들이 좋아할만한 포토존, 체험형 공간, 트렌디한 음식점을 소개합니다.

INS Park (INS 新乐园)

젊은 층에게 인기가 많은 종합 엔터테인먼트 공간. 클럽, 바, e-스포츠 공간 등이 한 건물에 모여 있어 밤 문화를 체험하기 좋습니다. 특히, 저녁에 가면 분위기가 더 활기차고, 젊은 현지인의 라이프스타일을 가까이서 볼 수 있습니다.

상하이 L+SNOW / 야오쉬에이 (耀雪) 빙설 세계

린강 신구(临港新区)에 새로 문을 연 초대형 실내 눈, 워터파크. 여름에는 눈놀이, 겨울에는 워터 액티비티를 즐길 수 있어 사계절 내내 재미있습니다. 지하철, 버스로 접근 가능하며, 가족 단위 여행객에게 특히 추천됩니다.

프랑스 조계지, 우캉루 (武康路) 카페 거리

상하이에서 가장 분위기 있는 산책 코스. 가로수길 같은 느낌으로, 옛 프랑스풍 건물과 트렌디한 카페, 부티크 숍이 모여 있습니다. 사진 찍기 좋은 스팟이 많아 젊은 여행객에게 특히 인기! 브런치 카페가 인기입니다. 낮에는 햇살과 가로수길 분위기가 예쁘고, 저녁에는 조용히 산책하기 좋습니다.

Maison Dongliang (장닝구 长宁区)

의류, 화장품, 라이프스타일 브랜드가 결합된 복합 매장. 단순한 쇼핑 공간이 아니라 상하이 로컬 디자이너 브랜드와 생활 미학을 체험할 수 있습니다. 실내 공간이라 날씨에 상관없이 즐길 수 있고, 기념품 쇼핑 장소로도 좋습니다.

레고랜드 상하이 리조트 (진산구 金山区)

2025년에 새로 문을 연 테마파크. 레고 테마 호텔과 놀이시설이 함께 있어 아이와 함께 온 가족 여행객에게 이상적입니다. 도심에서 다소 거리가 있지만, 하루 일정으로 다녀오기 충분하며, 미리 온라인 예약을 권장합니다.

2) 인기 맛집 5선

상하이 여행에서 빠질 수 없는 것이 바로 음식 경험입니다. 상하이는 로컬 요리 같은 전통 맛집부터, 첨단 기술과 체험을 접목한 레스토랑까지 다양하게 즐길 수 있습니다.

복 1039 (福1039)

2025 미쉐린 가이드에 선정된 식당. 고급 주택을 개조한 전통 레스토랑으로, 게살 두부(蟹黃豆腐), 탕수갈비(糖醋排骨), 상하이식 동파육(红烧肉) 등 상하이 로컬 요리를 제대로 맛볼 수 있습니다.

Lu Bo Lang (绿波廊)

예원 근처의 대표적인 전통 레스토랑으로, 미쉐린 가이드에 등재된 곳. 동파육(东坡肉)과 정통 상하이 요리가 인기이며, 고풍스러운 분위기도 매력적입니다.

상하이 라오판띠엔 (上海老饭店)

상하이에서 가장 오래된 중식당 중 하나. 달콤하면서도 깊은 풍미가 있는 상하이 로컬 요리를 맛볼 수 있습니다.

Taste of China (味)

단순한 식사가 아닌 몰입형 공연+프로젝션 매핑+당나라 전통 옷/치파오 체험까지 가능한 공간. 중국 7대 요리를 오감으로 체험할 수 있어 외국인 여행객에게 강력 추천됩니다.

SPACELAB (失重餐厅)

우주와 미래 콘셉트의 인테리어에 화려한 조명으로 사진 찍기 좋은 분위기. 음식은 레일을 따라 테이블로 도착하는 독특한 방식이며, 버거·파스타·스테이크 등 서양식 메뉴와 디저트, 음료도 제공. 연인·친구와는 특별한 추억을, 아이들과는 놀이처럼 즐길 수 있어 인기 있는 장소입니다.

2 베이징

1) 인기 명소 5선

베이징은 자금성, 천안문, 만리장성 같은 전통적인 관광 명소 외에도, 최근 몇 년 사이에 젊은 층이 좋아하는 포토존, 체험형 공간, 예술 문화 공간이 꾸준히 생겨나고 있습니다. 특히 예술 전시, 크리에이티브 쇼핑몰, 네온사인 거리가 결합된 트렌디한 라이프스타일 스팟이 늘어나면서, 한국인 여행객들에게도 '사진 찍기 좋고, 즐길 거리 많은 베이징'으로 새롭게 주목받고 있습니다.

798 예술구 (798 艺术区)

옛 공장을 개조한 문화, 예술 거리. 갤러리, 카페, 디자인 숍이 모여 있어 자유롭게 산책하며 예술과 카페 문화를 동시에 즐길 수 있습니다.

THE BOX 차오와이 (THE BOX 朝外)

스트리트 아트와 브랜드 팝업 스토어가 함께 있는 패션, 문화 공간. 벽화, 그래피티, 트렌디한 포토존이 많아 젊은 층에게 인기입니다.

중해 다지샹 (中海大吉巷)

새로 개발된 트렌디한 쇼핑, 라이프스타일 거리. 상점, 레스토랑, 카페가 모여 있고 분위기가 세련되어 최근 베이징 젊은이들의 핫플레이스로 떠오르고 있습니다.

블루 하버 (蓝色港湾, Solana Lifestyle Park)

호수 주변에 위치한 복합 쇼핑몰+레저 단지. 저녁이 되면 호수 위로 조명이 반짝이는 야경이 아름답고, 카페, 레스토랑, 패션 매장이 많아 외국인 여행객에게도 인기입니다.

허우하이 (后海, Houhai)

옛 베이징 후퉁(胡同, 골목길)과 호수, 술집, 카페가 함께 있는 공간. 낮에는 고전적인 베이징 분위기, 밤에는 음악과 야경으로 활기찬 분위기를 동시에 즐길 수 있습니다.

2) 인기 맛집 5선

베이징 여행에서 빼놓을 수 없는 것이 바로 다양한 음식 경험입니다. 베이징은 오랜 역사를 지닌 전통 요리와 노포(老字号)부터, 황실 요리를 현대적으로 재해석한 고급 레스토랑, 그리고 최근 젊은 층 사이에서 인기 있는 트렌디한 인스타 맛집까지 폭넓게 즐길 수 있습니다. 또한 로컬 간식과 길거리 음식, 회족(무슬림) 요리까지 독특한 풍미를 체험할 수 있어, 한국 여행객에게 풍성한 미식 여행지로 사랑받고 있습니다.

다둥카오야뎬 (大董烤鴨店)

전통 오리구이를 현대적으로 재해석. 기름기를 줄여 깔끔한 맛, 세련된 인테리어. 관광객뿐 아니라 현지인에게도 인기라 사전 예약이 필수입니다.

쓰지민푸 (四季民福)

오리구이 외에도 북경식 요리가 다양하고, 가격과 분위기가 균형 잡혀 있어 관광객에게 인기. 왕푸징, 자금성 근처 지점이 있어 관광 후 식사 코스로 좋습니다.

류취앤쥐 (柳泉居)

청나라 시절부터 운영된 오래된 전통 베이징 가정식 요리점. 탕, 볶음, 전통 안주류 등 현지인들이 즐겨 찾는 메뉴가 많고, 고급 레스토랑보다는 소박한 분위기 속 전통음식 체험에 적합합니다.

리자따위엔 (李家大院)

청나라 황실 전통 레시피 기반 요리와 화려한 인테리어, 역사적 스토리가 있는 코스 메뉴가 중심. 역사와 음식 문화에 관심 있는 여행객에게 강력 추천입니다.

Mosto (摸石头)

지중해풍 퓨전 요리, 샐러드, 파스타, 와인. 여유롭고 세련된 분위기, 브런치와 와인 페어링이 유명. 점심 브런치+여유로운 오후 코스로 인기이며, 한국의 젊은 층들의 취향에 잘 맞습니다.

1) 인기 명소 5선

청두는 판다와 쓰촨 요리, 전통 골목길로 잘 알려진 도시이지만, 최근 몇 년 사이에는 젊은 층이 즐겨 찾는 포토존, 체험형 문화 공간, 트렌디한 쇼핑몰이 계속 생겨나고 있습니다. 전통과 현대, 예술과 생활이 어우러진 청두의 새로운 명소들은 한국인 여행객들에게도 사진 찍기 좋고 색다른 경험을 제공하는 여행지로 주목받고 있습니다.

GOGO EGO 쇼핑몰

지하철 춘시루(春熙路) 역에서 도보 10분 거리에 최근 문을 연 젊은 감성의 쇼핑몰. 귀여운 인테리어와 다양한 포토존이 마련되어 있어 쇼핑과 사진 촬영을 동시에 즐길 수 있습니다.

둥자오지이 (东郊记忆)

옛 공장을 개조한 문화, 예술 공간. 그래피티 벽과 소규모 전시, 개성 있는 카페와 상점이 있어 감성적인 여행을 원하는 이들에게 인기. 날씨 맑은 날 방문하면 야외 사진이 특히 예쁘게 나옵니다.

청두 타이쿠리 (太古里)

전통 건축과 현대적 상업 공간이 어우러진 복합 쇼핑 단지. 럭셔리 브랜드와 카페, 레스토랑이 많아 특히 저녁에 조명이 켜지면 화려한 분위기를 느낄 수 있습니다.

그린 판타지 스타일 비밀 정원 (麓湖仙踪公园)

최근 SNS에서 인기를 끈 작은 숲과 꽃밭, 구름과 물이 어우러져 동화 같은 분위기를 연출하는 곳으로, 마치 영화 세트장에서 찍은 듯한 사진을 남길 수 있습니다.

춘시루 타이쿠리 판다 포토존 (春熙路太古里裸眼3D熊猫)

청두의 랜드마크인 '벽을 오르는 판다' 조형물과 초대형 3D 스크린이 있어 인증샷을 남기기 좋은 명소로, 특히 저녁 조명이 켜지면 더욱 화려한 사진을 찍을 수 있습니다.

2) 인기 맛집 5선

청두는 쓰촨 요리의 본고장으로, 깊고 풍부한 마라(麻辣) 맛과 다양한 향신료의 조합으로 유명합니다. 전통적으로는 마포두부, 훠궈, 꿔바로우 같은 대표 요리부터, 토끼 머리(兔头)나 꼬치 요리처럼 현지인들이 즐겨 찾는 소박한 음식까지 다양하게 맛볼 수 있습니다. 최근에는 전통을 현대적으로 재해석한 고급 레스토랑과 젊은 층이 좋아하는 인스타 감성의 트렌디한 맛집도 계속 늘어나고 있습니다. 따라서 한국 여행객들은 청두에서 전통의 깊은 맛과 최신의 세련된 분위기를 동시에 경험할 수 있습니다.

천마포두부 (陈麻婆豆腐)

100년 이상의 역사를 가진 식당으로, 대표 메뉴인 마포두부는 부드러운 두부와 얼얼한 마라 향이 조화를 이루어 청두에서 꼭 맛봐야 할 요리입니다.

마왕쯔 · 촨샤오관 (马旺子·川小馆)

미쉐린 가이드에 선정된 식당. 춘시루(春熙路)와 타이쿠리(太古里) 상권에 위치해 있으며, 궁보계정(宫保鸡丁)과 새우 요리 같은 정통 쓰촨 요리를 합리적인 가격에 즐길 수 있는 곳입니다.

팅샹 · 라오궁관촨차이 (听香·老公馆川菜)

전통적인 청두 가옥 분위기로 꾸며진 식당으로, 정통 쓰촨 요리를 고급스럽게 즐기고 싶은 여행객에게 적합합니다.

슈옌푸 (蜀宴赋)

한나라 복장을 입은 직원들이 맞이하는 테마 레스토랑으로, 화려한 인테리어와 정통 요리를 현대적으로 재해석한 메뉴 덕분에 사진 찍기 좋은 장소로 유명합니다.

마오지아오훠라 (冒椒火辣)

얼얼하고 매운 꼬치 요리로 유명하며, 트렌디한 인테리어와 강렬한 맛 덕분에 청두의 대표적인 SNS 맛집으로 꼽힙니다.

4 칭다오

1) 인기 명소 5선

칭다오는 맥주, 해변, 유럽풍 건축물 등 전통 매력으로 유명하지만, 최근에는 바다 풍경+예술 체험 공간+조명 쇼+포토존이 결합된 장소들이 늘어나고 있습니다. 자연 경관과 문예 분위기를 동시에 느끼고 싶은 한국인 여행객에게 특히 매력적인 장소들입니다.

지디즈광 (极地之光), 칭다오 씨사이드 관람차

해안가 가까이 있는 관람차로, 66미터 높이에서 360도 바다와 도시 전경을 감상할 수 있으며, 밤에는 LED 조명이 켜져 더욱 환상적입니다.

아오판 센터 (奥帆中心)의 '해상 칭다오 노선'

배를 타고 바다 위에서 낮 풍경과 석양, 그리고 밤의 조명 쇼까지 다양한 장면을 경험할 수 있는 코스입니다.

스카이 시티 (天空之城)

태평산(太平山) 칭다오 방송탑 아래에 위치하며, 유리 벽면과 큰 창, 하늘 및 구름이 비치는 반사 배경으로 영화 같은 장면을 제공합니다.

샤오마이다오 (小麦岛)

커플들에게 인기 있는 하트 모양 잔디밭이 있어 사랑의 상징으로 불림. 위에서 내려다보면 선명한 하트 모양이 보여 더욱 특별하며, 드론 촬영을 하면 멋진 전경 사진을 남길 수 있습니다.

옌얼도 지혜공원 (燕儿岛智慧公园)

탁 트인 바다와 이어진 해변 산책로가 매력적인 곳. 여유롭게 걷거나 사진을 찍기에 좋으며, 특히 석양 무렵에는 붉게 물든 바다와 하늘이 어우러져 감성적인 분위기를 만끽할 수 있습니다.

2) 인기 맛집 5선

칭다오는 바다와 함께하는 도시답게 싱싱한 해산물 요리와 칭다오 맥주로 가장 잘 알려져 있습니다. 전통적으로는 조개구이, 족발, 해산물 훠궈 등 현지인들이 즐겨 찾는 소박한 음식이 대표적이며, 맥주 거리에서는 신선한 맥주와 어울리는 다양한 해산물 안주를 맛볼 수 있습니다. 최근에는 해산물 레스토랑을 세련되게 재해석한 곳이나, 카페, 브런치, 테마형 비스트로 같은 트렌디한 인스타 감성 맛집도 늘어나고 있습니다. 따라서 한국인 여행객은 칭다오에서 전통 해산물의 깊은 맛과 최신 감각의 레스토랑 문화를 동시에 즐길 수 있습니다.

라오 칭다오 깐하이런 (老青岛赶海人)

그날 잡은 신선한 해산물을 간단하고 담백한 방식으로 조리해서 칭다오식 집밥 스타일의 바다 음식을 맛볼 수 있는 곳. 관광객뿐 아니라 현지인들에게도 사랑받는 곳으로, 칭다오의 바다 향과 원조 로컬 맛을 경험하기에 가장 좋은 식당 중 하나입니다.

카이하이 (开海)

갯가 마을의 '그날 잡은 해산물은 그날 바로 상에 올린다'는 원칙으로 유명한 해산물 전문 식당. 화려하진 않지만 깔끔하고 편안한 분위기라 가족, 친구들과 부담 없이 즐기기 좋고, 관광지보다 가격이 합리적이라 신선함, 가성비, 로컬 맛을 모두 갖춘 곳입니다.

칭다오 미식 야간학교 (青岛美食夜校)

해산물 거리, 간식, 로컬 맛집을 한 곳에 모아 놓은 요즘 최고의 야간 놀이터. 이곳은 단순히 음식을 먹는 공간이 아니라, 칭다오 사람들의 생활, 도시의 매력, 지역 문화를 체험할 수 있는 새로운 야간 문화 거리입니다.

이칭후이 (怡情荟)

해산물, 육류, 야채를 균형 있게 조합한 창작 요리가 많아 전통 칭다오 음식의 풍미와 현대적 감각을 동시에 즐길 수 있는 미식 공간. 서비스와 분위기가 좋아 여행자들도 '칭다오에서 꼭 가볼 만한 고급 레스토랑'으로 추천하는 곳입니다.

후이펑위안 · 칭다오연 (汇丰苑·青岛宴)

싱싱한 해산물, 칭다오식 찜, 볶음, 냉채 요리를 중심으로 깔끔한 맛과 정통 풍미를 모두 갖춘 대표 미식 공간. 격식 있는 분위기와 넓은 홀이 있어 여행자들에게는 '칭다오의 맛을 한 자리에서 경험할 수 있는 식당'으로 추천됩니다.

 ## 여행 필수 기초 단어

① 지시대명사

이것	그것, 저것	어느 것
쪄거 这个 zhège	나거 那个 nàge	나거 哪个 nǎge
여기	**거기 저기**	**어디**
쪄리 这里 zhèli	나리 那里 nàli	나리 哪里 nǎli
이	**그, 저**	**어느**
쪄 这 zhè	나 那 nà	나 哪 nǎ

② 위치명사

위	안	아래	오른쪽	왼쪽
샹미엔 上面 shàngmiàn	리미엔 里面 lǐmiàn	시아미엔 下面 xiàmiàn	여우삐엔 右边 yòubiān	주어삐엔 左边 zuǒbiān
앞	**뒤**	**맞은편**	**옆**	**근처**
치엔미엔 前面 qiánmiàn	허우미엔 后面 hòumiàn	뚜에이미엔 对面 duìmiàn	팡비엔 旁边 pángbiān	푸찐 附近 fùjìn

※ **위치 묻고 답하기**

> 어디에 있나요?
> **짜이 날?/짜이 나리?**
> 在哪儿?/在哪里?
> Zài nǎr?/Zài nǎli?

1) 1~10

1	2	3	4	5
이 一 yī	얼 二 èr	싼 三 sān	쓰 四 sì	우 五 wǔ

6	7	8	9	10
리우 六 liù	치 七 qī	빠 八 bā	지어우 九 jiǔ	스 十 shí

2) 10~100

10	20	30	40	50
스 十 shí	얼스 二十 èrshí	싼스 三十 sānshí	쓰스 四十 sìshí	우스 五十 wǔshí

60	70	80	90	100
리우스 六十 liùshí	치스 七十 qīshí	빠스 八十 bāshí	지어우스 九十 jiǔshí	이바이 一百 yìbǎi

3) 100~1000

100	200	300	400	500
이바이 一百 yìbǎi	얼바이/량바이 二百/两百 èrbǎi/liǎngbǎi	싼바이 三百 sānbǎi	쓰바이 四百 sìbǎi	우바이 五百 wǔbǎi

600	700	800	900	1000
리우바이 六百 liùbǎi	치바이 七百 qībǎi	빠바이 八百 bābǎi	지어우바이 九百 jiǔbǎi	이치엔 一千 yìqiān

4) 1000~10000

1000	2000	3000	4000	5000
이치엔 一千 yìqiān	량치엔 两千 liǎngqiān	싼치엔 三千 sānqiān	쓰치엔 四千 sìqiān	우치엔 五千 wǔqiān
6000	7000	8000	9000	10000
리우치엔 六千 liùqiān	치치엔 七千 qīqiān	빠치엔 八千 bāqiān	지어우치엔 九千 jiǔqiān	이완 一万 yíwàn

5) 10000~100000

10000	20000	30000	40000	50000
이완 一万 yíwàn	량완 两万 liǎngwàn	싼완 三万 sānwàn	쓰완 四万 sìwàn	우완 五万 wǔwàn
60000	70000	80000	90000	100000
리우완 六万 liùwàn	치완 七万 qīwàn	빠완 八万 bāwàn	지어우완 九万 jiǔwàn	스완 十万 shíwàn

1시	2시	3시	4시	5시
이 디엔 一点 yī diǎn	량 디엔 两点 liǎng diǎn	싼 디엔 三点 sān diǎn	쓰 디엔 四点 sì diǎn	우 디엔 五点 wǔ diǎn
6시	7시	8시	9시	10시
리우 디엔 六点 liù diǎn	치 디엔 七点 qī diǎn	빠 디엔 八点 bā diǎn	지어우 디엔 九点 jiǔ diǎn	스 디엔 十点 shí diǎn
11시	12시	5분	10분	15분
스이 디엔 十一点 shíyī diǎn	스알 디엔 十二点 shí'èr diǎn	우 펀 五分 wǔ fēn	스 펀 十分 shí fēn	스우 펀 十五分 shíwǔ fēn
20분	25분	30분	35분	40분
알스 펀 二十分 èrshí fēn	알스우 펀 二十五分 èrshíwǔ fēn	싼스 펀/빤 三十分/半 sānshí fēn/bàn	싼스우 펀 三十五分 sānshíwǔ fēn	쓰스 펀 四十分 sìshí fēn
45분	50분	55분	몇 시	몇 분
쓰스우 펀 四十五分 sìshíwǔ fēn	우스 펀 五十分 wǔshí fēn	우스우 펀 五十五分 wǔshíwǔ fēn	지 디엔 几点 jǐ diǎn	지 펀 几分 jǐ fēn
오전	오후	아침	점심	저녁
샹우 上午 shàngwǔ	시아우 下午 xiàwǔ	자오샹 早上 zǎoshang	쭝우 中午 zhōngwǔ	완샹 晚上 wǎnshang

※ 시간 묻고 답하기

지금 몇 시입니까?
시엔짜이 지 디엔?
现在 几点?
Xiànzài jǐ diǎn?

A부터 B까지
총 A 따오 B
从 A 到 B
cóng A dào B

1) ~개

1개	2개	3개	4개	5개	6개
이 거 一个 yí ge	량 거 两个 liǎng ge	싼 거 三个 sān ge	쓰 거 四个 sì ge	우 거 五个 wǔ ge	리우 거 六个 liù ge
7개	8개	9개	10개		몇 개
치 거 七个 qī ge	빠 거 八个 bā ge	지어우 거 九个 jiǔ ge	스 거 十个 shí ge		지 거 几个 jǐ ge

2) ~명

1명	2명	3명	4명	5명	6명
이 거 런 一个人 yí ge rén	량 거 런 两个人 liǎng ge rén	싼 거 런 三个人 sān ge rén	쓰 거 런 四个人 sì ge rén	우 거 런 五个人 wǔ ge rén	리우 거 런 六个人 liù ge rén
7명	8명	9명	10명		몇 명
치 거 런 七个人 qī ge rén	빠 거 런 八个人 bā ge rén	지어우 거 런 九个人 jiǔ ge rén	스 거 런 十个人 shí ge rén		지 거 런 几个人 jǐ ge rén

3) ~층

1층	2층	3층	4층	5층	6층
이 러우 一楼 yī lóu	알 러우 二楼 èr lóu	싼 러우 三楼 sān lóu	쓰 러우 四楼 sì lóu	우 러우 五楼 wǔ lóu	리우 러우 六楼 liù lóu
7층	8층	9층	10층		몇 층
치 러우 七楼 qī lóu	빠 러우 八楼 bā lóu	지어우 러우 九楼 jiǔ lóu	스 러우 十楼 shí lóu		지 러우 几楼 jǐ lóu

4) ~인분

1인분	2인분	3인분	4인분	5인분	6인분
이 펀 一份 yí fèn	량 펀 两份 liǎng fèn	싼 펀 三份 sān fèn	쓰 펀 四份 sì fèn	우 펀 五份 wǔ fèn	리우 펀 六份 liù fèn
7인분	**8인분**	**9인분**	**10인분**		**몇 인분**
치 펀 七份 qī fèn	빠 펀 八份 bā fèn	지어우 펀 九份 jiǔ fèn	스 펀 十份 shí fèn		지 펀 几份 jǐ fèn

5) ~병

한 병	두 병	세 병	네 병	다섯 병	여섯 병
이 핑 一瓶 yì píng	량 핑 两瓶 liǎng píng	싼 핑 三瓶 sān píng	쓰 핑 四瓶 sì píng	우 핑 五瓶 wǔ píng	리우 핑 六瓶 liù píng
일곱 병	**여덟 병**	**아홉 병**	**열 병**		**몇 병**
치 핑 七瓶 qī píng	빠 핑 八瓶 bā píng	지어우 핑 九瓶 jiǔ píng	스 핑 十瓶 shí píng		지 핑 几瓶 jǐ píng

6) ~장

한 장	두 장	세 장	네 장	다섯 장	여섯 장
이 쟝 一张 yì zhāng	량 쟝 两张 liǎng zhāng	싼 쟝 三张 sān zhāng	쓰 쟝 四张 sì zhāng	우 쟝 五张 wǔ zhāng	리우 쟝 六张 liù zhāng
일곱 장	**여덟 장**	**아홉 장**	**열 장**		**몇 장**
치 쟝 七张 qī zhāng	빠 쟝 八张 bā zhāng	지어우 쟝 九张 jiǔ zhāng	스 쟝 十张 shí zhāng		지 쟝 几张 jǐ zhāng

7) ~살

한 살	두 살	세 살	네 살	다섯 살	여섯 살
이 쑤이 一岁 yí suì	량 쑤이 两岁 liǎng suì	싼 쑤이 三岁 sān suì	쓰 쑤이 四岁 sì suì	우 쑤이 五岁 wǔ suì	리우 쑤이 六岁 liù suì
일곱 살	여덟 살	아홉 살	열 살		몇 살
치 쑤이 七岁 qī suì	빠 쑤이 八岁 bā suì	지어우 쑤이 九岁 jiǔ suì	스 쑤이 十岁 shí suì		지 쑤이 几岁 jǐ suì

8) ~위안

1위안	2위안	3위안	4위안	5위안	6위안
이 위엔 一元 yì yuán	량 위엔 两元 liǎng yuán	싼 위엔 三元 sān yuán	쓰 위엔 四元 sì yuán	우 위엔 五元 wǔ yuán	리우 위엔 六元 liù yuán
7위안	8위안	9위안	10위안		얼마
치 위엔 七元 qī yuán	빠 위엔 八元 bā yuán	지어우 위엔 九元 jiǔ yuán	스 위엔 十元 shí yuán		뚜어샤오 치엔 多少钱 duōshao qián

9) ~박 ~일

1박 2일	2박 3일	3박 4일	4박 5일	5박 6일
량 티엔 이 이에 两天一夜 liǎng tiān yí yè	싼 티엔 량 이에 三天两夜 sān tiān liǎng yè	쓰 티엔 싼 이에 四天三夜 sì tiān sān yè	우 티엔 쓰 이에 五天四夜 wǔ tiān sì yè	리우 티엔 우 이에 六天五夜 liù tiān wǔ yè
6박 7일	7박 8일	8박 9일	9박 10일	몇 박 며칠
치 티엔 리우 이에 七天六夜 qī tiān liù yè	빠 티엔 치 이에 八天七夜 bā tiān qī yè	지어우 티엔 빠 이에 九天八夜 jiǔ tiān bā yè	스 티엔 지어우 이에 十天九夜 shí tiān jiǔ yè	지 티엔 지 이에 几天几夜 jǐ tiān jǐ yè

1) 시제

그저께	어제	오늘	내일	모레
치엔 티엔 前天 qián tiān	주어 티엔 昨天 zuó tiān	진 티엔 今天 jīn tiān	밍 티엔 明天 míng tiān	허우 티엔 后天 hòu tiān

2) 요일

일요일	월요일	화요일	수요일
싱치 티엔 星期天 xīngqī tiān	싱치 이 星期一 xīngqī yī	싱치 알 星期二 xīngqī èr	싱치 싼 星期三 xīngqī sān
목요일	금요일	토요일	무슨 요일
싱치 쓰 星期四 xīngqī sì	싱치 우 星期五 xīngqī wǔ	싱치 리우 星期六 xīngqī liù	싱치 지 星期几 xīngqī jǐ

3) 월

1월	2월	3월	4월	5월	6월	7월
이 위에 一月 yī yuè	알 위에 二月 èr yuè	싼 위에 三月 sān yuè	쓰 위에 四月 sì yuè	우 위에 五月 wǔ yuè	리우 위에 六月 liù yuè	치 위에 七月 qī yuè
8월	9월	10월	11월	12월		몇 월
빠 위에 八月 bā yuè	지어우 위에 九月 jiǔ yuè	스 위에 十月 shí yuè	스이 위에 十一月 shíyī yuè	스알 위에 十二月 shí'èr yuè		지 위에 几月 jǐ yuè

4) 일

1일	2일	3일	4일	5일	6일	7일
이 하오 一号 yī hào	알 하오 二号 èr hào	싼 하오 三号 sān hào	쓰 하오 四号 sì hào	우 하오 五号 wǔ hào	리우 하오 六号 liù hào	치 하오 七号 qī hào
8일	9일	10일	11일	12일	13일	14일
빠 하오 八号 bā hào	지어우 하오 九号 jiǔ hào	스 하오 十号 shí hào	스이 하오 十一号 shíyī hào	스알 하오 十二号 shí'èr hào	스싼 하오 十三号 shísān hào	스쓰 하오 十四号 shísì hào
15일	16일	17일	18일	19일	20일	21일
스우 하오 十五号 shíwǔ hào	스리우 하오 十六号 shíliù hào	스치 하오 十七号 shíqī hào	스빠 하오 十八号 shíbā hào	스지어우 하오 十九号 shíjiǔ hào	알스 하오 二十号 èrshí hào	알스 이 하오 二十一号 èr shí yī hào
22일	23일	24일	25일	26일	27일	28일
알스 알 하오 二十二号 èrshí'èr hào	알스 싼 하오 二十三号 èrshísān hào	알스 쓰 하오 二十四号 èrshísì hào	알스 우 하오 二十五号 èrshíwǔ hào	알스 리우 하오 二十六号 èrshíliù hào	알스 치 하오 二十七号 èrshíqī hào	알스 빠 하오 二十八号 èrshíbā hào
29일	30일	31일				며칠
알스 지어우 하오 二十九号 èrshíjiǔ hào	싼스 하오 三十号 sānshí hào	싼스 이 하오 三十一号 sānshíyī hào				지 하오 几号 jǐ hào

이동할 때

가오더 지도 까오더 띠투
[高德 地图, Gāodé dìtú]

검표구 지엔피아오커우
[检票口, jiǎnpiàokǒu]

공유 자전거 꽁시앙 딴츠어
[共享 单车, gòngxiǎng dānchē]

공항 MRT 지챵 지에윈 츠어
[机场 捷运 车, jīchǎng jiéyùn chē]

공항 라운지 지챵 꾸이삔스
[机场 贵宾室, jīchǎng guìbīnshì]

공항 버스 지챵 빠스
[机场 巴士, jīchǎng bāshì]

구토 봉투 웨이셩따이
[卫生袋, wèishēngdài]

귀마개 얼싸이
[耳塞, ěrsāi]

기차 후어츠어
[火车, huǒchē]

기차역 후어츠어쨘
[火车站, huǒchēzhàn]

다음 역 시아 이 쨘
[下 一 站, xià yí zhàn]

담요 탄즈
[毯子, tǎnzi]

대합실 허우츠어스
[候车室, hòuchēshì]

뒤 허우미엔
[后面, hòumiàn]

레드 와인 홍지어우
[红酒, hóngjiǔ]

맞은편 뚜에이미엔
[对面, duìmiàn]

매표기 셔우피아오지
[售票机, shòupiàojī]

매표소 셔우피아오츄
[售票处, shòupiàochù]

맥도날드 마이땅라오
[麦当劳, Màidāngláo]

맥주 피지어우
[啤酒, píjiǔ]

멀미약 윈지야오
[晕机药, yùnjīyào]

목 베개 카오전
[靠枕, kàozhěn]

목적지 무띠띠
[目的地, mùdìdì]

문 먼
[门, mén]

물 슈에이
[水, shuǐ]

물건 보관함 쯔쮸 지춘꾸이
[自助 寄存柜, zìzhù jìcúnguì]

물티슈 스진
[湿巾, shījīn]

바이두 지도 바이두 띠투
[百度 地图, Bǎidù dìtú]

버스 꽁지아오츠어
[公交车, gōngjiāochē]

버스 정류장 꽁지아오츠어짠

[公交车站, gōngjiāochēzhàn]

보안 검색대 안지엔커우

[安检口, ānjiǎnkǒu]

사과 주스 핑구어즈

[苹果汁, píngguǒzhī]

샴페인 시앙삔

[香槟, xiāngbīn]

수하물 보관소 싱리 지춘츄

[行李 寄存处, xíngli jìcúnchù]

수하물 찾는 곳 싱리 티취츄

[行李 提取处, xíngli tíqǔchù]

스타벅스 씽바크어

[星巴克, Xīngbākè]

스파클링 워터 치파오 슈에이

[气泡 水, qìpào shuǐ]

쓰레기통 라지통

[垃圾桶, lājītǒng]

안 리미엔

[里面, lǐmiàn]

안대 옌쨔오

[眼罩, yǎnzhào]

앞 치엔미엔

[前面, qiánmiàn]

여기 쩌리

[这里, zhèli]

열차 리에츠어

[列车, lièchē]

영수증 시아오피아오

[小票, xiǎopiào]

옆 팡비엔

[旁边, pángbiān]

오렌지 주스 청즈

[橙汁, chéngzhī]

오른쪽 여우

[右, yòu]

왼쪽 주어

[左, zuǒ]

왼편 주어삐엔

[左边, zuǒbiān]

운행 윈싱

[运行, yùnxíng]

육교 티엔치아오

[天桥, tiānqiáo]

입구 찐짠커우

[进站口, jìnzhànkǒu]

입국 심사대 루징 지엔챠커우

[入境 检查口, rùjìng jiǎnchákǒu]

자동 발매기 쯔똥 셔우피아오지

[自动 售票机, zìdòng shòupiàojī]

주소 띠즈

[地址, dìzhǐ]

지하도 띠샤통따오

[地下通道, dìxiàtōngdào]

지하철 띠티에

[地铁, dìtiě]

지하철역 띠티에짠

[地铁站, dìtiězhàn]

짐 싱리

[行李, xíngli]

출구 츄커우

[出口, chūkǒu]

출국장 츄징커우

[出境口, chūjìngkǒu]

커피 카페이
[咖啡, kāfēi]

콜라 크어러
[可乐, kělè]

택시 츄주츠어
[出租车, chūzūchē]

(공항) 터미널 항짠러우
[航站楼, hángzhànlóu]

펜 비
[笔, bǐ]

편의점 삐엔리띠엔
[便利店, biànlìdiàn]

(기차) 플랫폼 잔타이
[站台, zhàntái]

헤드폰 얼지
[耳机, ěrjī]

(우버) 호출 차량 왕위에츠어
[网约车, wǎngyuēchē]

호텔 판띠엔
[饭店, fàndiàn]

화이트 와인 빠이푸타오지어우
[白葡萄酒, báipútaojiǔ]

화장실 시셔우지엔
[洗手间, xǐshǒujiān]

환승 게이트 쥬안지 떵지커우
[转机 登机口, zhuǎnjī dēngjīkǒu]

환승 후안청
[换乘, huànchéng]

힐튼호텔 시얼뚠 지우띠엔
[希尔顿 酒店, Xī'ěrdùn jiǔdiàn]

TV 띠엔스
[电视, diànshì]

객실 카드 키 팡카
[房卡, fángkǎ]

금연층 찐옌 러우청
[禁烟 楼层, jìnyān lóucéng]

나이프 찬따오
[餐刀, cāndāo]

리모컨 야오콩치
[遥控器, yáokòngqì]

머리카락 터우파
[头发, tóufa]

모기 원즈
[蚊子, wénzi]

바퀴벌레 짱랑
[蟑螂, zhāngláng]

반창고 츄앙커티에
[创可贴, chuāngkětiē]

방 팡지엔
[房间, fángjiān]

보증금 야진
[押金, yājīn]

비누 시앙짜오
[香皂, xiāngzào]

비밀번호 미마
[密码, mìmǎ]

비즈니스 센터 샹우 쯍신
[商务 中心, shāngwù zhōngxīn]

사우나실 쌍나팡
[桑拿房, sāngnáfáng]

샤워 타올 **위진**
[浴巾, yùjīn]

서명 **치엔쯔**
[签字, qiānzì]

셀프 세탁실 **쯔쮸 시이팡**
[自助 洗衣房, zìzhù xǐyīfáng]

수건 **마오찐**
[毛巾, máojīn]

수영장 **여우용츠**
[游泳池, yóuyǒngchí]

스파 센터 **슈에이리아오 쯍신**
[水疗 中心, shuǐliáo zhōngxīn]

슬리퍼 **투어시에**
[拖鞋, tuōxié]

시장 **스챵**
[市场, shìchǎng]

아침 식사 **자오찬**
[早餐, zǎocān]

알리페이 **즈푸바오**
[支付宝, Zhīfùbǎo]

에어컨 **콩티아오**
[空调, kōngtiáo]

여권 **후쨔오**
[护照, hùzhào]

여행 가방 **싱리시양**
[行李箱, xínglixiāng]

연기 **옌츠**
[延迟, yánchí]

예약 **위띵**
[预订, yùdìng]

오늘 **진티엔**
[今天, jīntiān]

오전 **샹우**
[上午, shàngwǔ]

오후 **샤우**
[下午, xiàwǔ]

온수 **르어슈에이**
[热水, rèshuǐ]

옷 세탁 **시 이푸**
[洗 衣服, xǐ yīfu]

와이파이 **우시엔왕**
[无线网, wúxiànwǎng]

욕실 **웨이셩지엔**
[卫生间, wèishēngjiān]

위챗페이 **웨이신즈푸**
[微信支付, wēixìnzhīfù]

이그제큐티브 라운지 **싱쪙 지우랑**
[行政 酒廊, xíngzhèng jiǔláng]

이불 **뻬이즈**
[被子, bèizi]

일회용 칫솔 **이츠씽 야슈아**
[一次性 牙刷, yícìxìng yáshuā]

자판기 **쯔똥 셔우후어지**
[自动 售货机, zìdòng shòuhuòjī]

저녁 **완샹**
[晚上, wǎnshang]

전기 모기향 **띠엔 원샹**
[电 蚊香, diàn wénxiāng]

전원 공급 카드 **취띠엔카**
[取电卡, qǔdiànkǎ]

점심 **쯍우**
[中午, zhōngwǔ]

주소 **띠즈**
[地址, dìzhǐ]

짐 싱리
[行李, xíngli]

청소 다사오
[打扫, dǎsǎo]

체크아웃 투에이팡
[退房, tuìfáng]

체크인 루쮸
[入住, rùzhù]

취사 쭈어판
[做饭, zuòfàn]

침구 세트 뿌차오
[布草, bùcǎo]

침대 츄앙
[床, chuáng]

커피숍 카페이팅
[咖啡厅, kāfēitīng]

큰 접시 판즈
[盘子, pánzi]

편의점 삐엔리띠엔
[便利店, biànlìdiàn]

포크 챠즈
[叉子, chāzi]

프린트 다인
[打印, dǎyìn]

헬스장 지엔션팡
[健身房, jiànshēnfáng]

회의실 후에이이스
[会议室, huìyìshì]

휴대폰 셔우지
[手机, shǒujī]

흡연층 씨옌 러우청
[吸烟 楼层, xīyān lóucéng]

식사할 때

QR 사오마
[扫码, sǎomǎ]

계산 마이딴
[买单, mǎidān]

그릇 완
[碗, wǎn]

금연 좌석 우옌취 더 쭈어웨이
[无烟区 的 座位, wúyānqū de zuòwèi]

냅킨 찬진즈
[餐巾纸, cānjīnzhǐ]

단품 주문 딴디엔
[单点, dāndiǎn]

따뜻한 물수건 르어마오진
[热毛巾, rèmáojīn]

메뉴판 차이딴
[菜单, càidān]

물티슈 스진
[湿巾, shījīn]

방이 있는 자리 빠오지엔 더 쭈어웨이
[包间 的 座位, bāojiān de zuòwèi]

바깥 자리 와이미엔 더 쭈어웨이
[外面 的 座位, wàimiàn de zuòwèi]

빈자리 콩웨이
[空位, kòngwèi]

빨대 씨관
[吸管, xīguǎn]

세트 메뉴 타오찬
[套餐, tàocān]

소스 쨘리아오
[蘸料, zhànliào]

숟가락   샤오즈
[勺子, sháozi]

술잔   지우뻬이
[酒杯, jiǔbēi]

시간   스지엔
[时间, shíjiān]

아기 의자   잉알 쭈어이
[婴儿 座椅, yīng'ér zuòyǐ]

안쪽 자리   리미엔 더 쭈어웨이
[里面 的 座位, lǐmiàn de zuòwèi]

알리페이   즈푸바오
[支付宝, Zhīfùbǎo]

앞치마   웨이췬
[围裙, wéiqún]

얼음 조금   이시에 삥콰이
[一些 冰块, yìxiē bīngkuài]

에어컨이 있는   여우 콩티아오 더
[有 空调 的, yǒu kōngtiáo de]

예약   위위에
[预约, yùyuē]

예약   위띵
[预订, yùdìng]

요리   차이
[菜, cài]

위챗페이   웨이신즈푸
[微信支付, wēixìnzhīfù]

이쑤시개   야치엔
[牙签, yáqiān]

전화번호   띠엔화 하오마
[电话 号码, diànhuà hàomǎ]

젓가락   콰이즈
[筷子, kuàizi]

좀 조용한 자리   안징 이디알 더 쭈어웨이
[安静 一点儿 的 座位, ānjìng yìdiǎnr de zuòwèi]

차   챠
[茶, chá]

찻잔   챠뻬이
[茶杯, chábēi]

창가 자리   카오츄앙 더 쭈어웨이
[靠窗 的 座位, kàochuāng de zuòwèi]

취소   취시아오
[取消, qǔxiāo]

큰 접시   판즈
[盘子, pánzi]

포장   따 빠오
[打 包, dǎ bāo]

포장 용기   따빠오흐어
[打包盒, dǎbāohé]

포크   챠즈
[叉子, chāzi]

현금   시엔진
[现金, xiànjīn]

QR   사오마
[扫码, sǎomǎ]

계산   푸치엔
[付钱, fùqián]

계산대   셔우인타이
[收银台, shōuyíntái]

교환 환
[换, huàn]

구경 칸칸
[看看, kànkan]

구멍 똥
[洞, dòng]

다른 거 삐에더
[别的, biéde]

다른 디자인 삐에더 콴스
[别的 款式, biéde kuǎnshì]

다른 색상 삐에더 옌써
[别的 颜色, biéde yánsè]

랜덤 박스 망허
[盲盒, mánghé]

미니 피규어 멍리
[萌粒, ménglì]

병 모양 상품 멍핑
[萌瓶, méngpíng]

(쇼핑) 봉투 따이즈/따이
[袋子/袋, dàizi/dài]

비닐봉지 쑤리아오따이
[塑料袋, sùliàodài]

사이즈 따시아오
[大小, dàxiǎo]

상품 샹핀
[商品, shāngpǐn]

새 것 신더
[新的, xīnde]

색 옌써
[颜色, yánsè]

세일 따져
[打折, dǎzhé]

세트 청타오
[成套, chéngtào]

소량 포장 시아오 빠오쥬앙
[小 包装, xiǎo bāozhuāng]

스티커 티에즈
[贴纸, tiēzhǐ]

(차) 시음 스챠
[试茶, shìchá]

신상품 신쿠안
[新款, xīnkuǎn]

알리페이 즈푸바오
[支付宝, Zhīfùbǎo]

알파벳 키링 쯔무 꽈지엔
[字母 挂件, zìmǔ guàjiàn]

얼룩 우쯔
[污渍, wūzì]

얼마예요 뚜어샤오 치엔
[多少 钱, duōshao qián]

영수증 시아오피아오
[小票, xiǎopiào]

영수증 셔우쥐
[收据, shōujù]

위챗페이 웨이신즈푸
[微信支付, wēixìnzhīfù]

작은 피규어 시아오와
[小娃, xiǎowá]

진공 포장 쩐콩 빠오쮸앙
[真空 包装, zhēnkōng bāozhuāng]

차 챠
[茶, chá]

카드 카
[卡, kǎ]

큰 피규어 따와
[大娃, dàwá]

탈의실 스이지엔
[试衣间, shìyījiān]

포장 빠오쮸앙
[包装, bāozhuāng]

한정 시엔띵
[限定, xiàndìng]

현금 시엔진
[现金, xiànjīn]

환불 투에이쿠안
[退款, tuìkuǎn]

가방 빠오
[包, bāo]

강좌 커청
[课程, kèchéng]

검사 지엔챠
[检查, jiǎnchá]

공연 옌츄
[演出, yǎnchū]

공연하는 곳 비아오옌 챵띠
[表演 场地, biǎoyǎn chǎngdì]

교환 투에이환
[兑换, duìhuàn]

극장 쮜챵
[剧场, jùchǎng]

기념품 가게 지니엔핀 샹띠엔
[纪念品 商店, jìniànpǐn shāngdiàn]

다른 사이즈 삐에더 따시아오
[别的 大小, biéde dàxiǎo]

다른 색 삐에더 옌써
[别的 颜色, biéde yánsè]

매점 시아오마이뿌
[小卖部, xiǎomàibù]

머리띠 파꾸
[发箍, fàgū]

반납 꾸이후안
[归还, guīhuán]

보관소 지춘츄
[寄存处, jìcúnchù]

보조배터리 총띠엔빠오
[充电宝, chōngdiànbǎo]

보증금 야진
[押金, yājīn]

분실물 센터 스우 쨔오링츄
[失物 招领处, shīwù zhāolǐngchù]

불꽃놀이 옌화
[烟花, yānhuā]

사진 파이 쨔오
[拍 照, pāi zhào]

새 제품 신더
[新的, xīnde]

서비스 센터 푸우 즁신
[服务 中心, fúwù zhōngxīn]

선물 쏭런
[送人, sòngrén]

성인 청런
[成人, chéngrén]

셀카봉 쯔파이깐
[自拍杆, zìpāigān]

안내 데스크 푸우타이
[服务台, fúwùtái]

안내문 지에샤오
[介绍, jièshào]

안내원 지앙지에위엔
[讲解员, jiǎngjiěyuán]

어린이 알통
[儿童, értóng]

여권 후쨔오
[护照, hùzhào]

영수증 시아오피아오
[小票, xiǎopiào]

영어 잉위
[英语, Yīngyǔ]

영화 띠엔잉
[电影, diànyǐng]

예약 위위에
[预约, yùyuē]

예약 위띵
[预订, yùdìng]

예약 확인증 위띵딴
[预订单, yùdìngdān]

오디오 가이드 위인 지앙지에치
[语音 讲解器, yǔyīn jiǎngjiěqì]

옷 이푸
[衣服, yīfu]

유모차 통츠어
[童车, tóngchē]

입구 루커우
[入口, rùkǒu]

입장권 먼피아오
[门票, ménpiào]

전시실 쨘팅
[展厅, zhǎntīng]

짐 보관소 싱리 지춘츄
[行李 寄存处, xíngli jìcúnchù]

체험 활동 티엔 후어똥
[体验 活动, tǐyàn huódòng]

출구 츄커우
[出口, chūkǒu]

퍼레이드 쉰여우
[巡游, xúnyóu]

폐관 꽌먼
[关门, guānmén]

표 피아오
[票, piào]

하루 이티엔
[一天, yìtiān]

학생 쉬에셩
[学生, xuésheng]

한국어 한위
[韩语, Hányǔ]

현장 시엔챵
[现场, xiànchǎng]

화장실 시셔우지엔
[洗手间, xǐshǒujiān]

화장실 웨이셩지엔
[卫生间, wèishēngjiān]

휠체어 룬이
[轮椅, lúnyǐ]

CCTV   지엔콩 루시앙
[监控 录像, jiānkòng lùxiàng]

가방   빠오
[包, bāo]

감기약   간마오야오
[感冒药, gǎnmàoyào]

강도   치앙지에
[抢劫, qiǎngjié]

관광객   여우크어
[游客, yóukè]

구급차   찌우후츠어
[救护车, jiùhùchē]

다리   투에이
[腿, tuǐ]

머리   터우
[头, tóu]

멀미약   윈츠어야오
[晕车药, yùnchēyào]

발   지아오
[脚, jiǎo]

배   뚜즈
[肚子, dùzi]

밴드   츄앙커티에
[创可贴, chuāngkětiē]

서류 가방   꽁원빠오
[公文包, gōngwénbāo]

소독용 알코올   지우징
[酒精, jiǔjīng]

소화제   시아오화야오
[消化药, xiāohuàyào]

식전   판치엔
[饭前, fànqián]

식후   판허우
[饭后, fànhòu]

신고   빠오 안
[报 案, bào àn]

신분증   션펀쩡
[身份证, shēnfènzhèng]

알레르기   꾸어민
[过敏, guòmǐn]

알레르기약   꾸어민야오
[过敏药, guòmǐnyào]

여권   후쨔오
[护照, hùzhào]

여행 가방   뤼싱시앙
[旅行箱, lǚxíngxiāng]

연락   리엔시
[联系, liánxì]

영어   잉위
[英语, Yīngyǔ]

위험   웨이시엔
[危险, wēixiǎn]

응급실   지전스
[急诊室, jízhěnshì]

의사   이셩
[医生, yīshēng]

전화번호   띠엔화 하오마
[电话 号码, diànhuà hàomǎ]

접수   꽈하오
[挂号, guàhào]

지갑   치엔빠오
[钱包, qiánbāo]

지사제   즈시에야오
[止泻药, zhǐxièyào]

진통제   즈통야오
[止痛药, zhǐtòngyào]

카드 지갑   카빠오
[卡包, kǎbāo]

크로스백   시에콰빠오
[斜挎包, xiékuàbāo]

통역   판이
[翻译, fānyi]

파스   까오야오
[膏药, gāoyào]

팔   끄어보
[胳膊, gēbo]

한국 대사관   한구어 따스관
[韩国 大使馆, Hánguó dàshǐguǎn]

한국어   한위
[韩语, Hányǔ]

해열제   투에이샤오야오
[退烧药, tuìshāoyào]

핸드백   셔우티빠오
[手提包, shǒutíbāo]

호텔   판띠엔
[饭店, fàndiàn]

휴대폰   셔우지
[手机, shǒujī]

화상 연고   탕샹야오
[烫伤药, tàngshāngyào]

힙쌕/허리쌕   야오빠오
[腰包, yāobāo]